豐盛生命

豐盛生命, 更新版

出版及發行：更新傳道會（Christian Renewal Ministries, Inc.）

北 美 總 會：200 N. Main Street, Milltown, NJ 08850

電話：(732) 828-4545；傳真：(732) 745-2878

台 灣 分 會：台北市郵政信箱 90-55 號

郵政劃撥第 13913941 號基督教更新傳道會

電話：2735-2396；傳真：2732-6078

新 加 坡 分 會：Christian Renewal Mission

Serangoon Central, P.O. Box 0560, Singapore 915502

電話：354-1908；傳真：354-1127

馬來西亞分會：CRM Resource Centre Sdn. Bhd.

P. O. Box 13287, 50806 Kuala Lumpur, Malaysia

一九九九年五月初版,繁體

The Abundant Life, CRM Edition

Published by Christian Renewal Ministries

200 N. Main Street, Milltown, NJ 08850, U.S.A.

Based largely on the work, The Abundant Life,

authored by Dr. Ray E. Baughman,

originally published in English by Moody Press.

Authorized Chinese edition with approved modifications

1st Chinese Edition(Regular Scripts), May 1999

©1999 by Christian Renewal Ministries, Inc.

ISBN 1-56582-124-6

給渴慕成長的你

給渴慕成長的你：

　　首先，我要恭喜你並歡迎你加入了神屬靈的大家庭中，成為神的兒女，是這家庭中的一分子。當我們接受耶穌基督以後，在祂裏面我們成了新造的人（林後5：17），故我們的一舉一動必須有新生的樣式（羅6：4）。另一方面聖經也比喻剛信主的人為「才生的嬰孩」（彼前2：2），是可愛的、討人歡喜的。但嬰孩卻有他另一面欠缺，即幼稚，不曉得分辨好歹，易受騙和改變，不穩定，不會自立，要依靠別人……。故在嬰孩出生後，隨著時間的流逝，他應該有成長的表現才算正常、健康。否則一生一世都是如此「可愛、討人喜歡」，那麼就非常可悲了。

　　同樣地，我們的屬靈生命也必須有成長的表現才算正常、健康，否則這生命必定是有問題的。然而，正如嬰孩的生命需要經過長時間悉心的栽培、養育才會有理想的成長，屬靈新生命的成長也是一樣，惟靠神所預備的屬靈方法去栽培、養育，使靈性漸長，一個出生後的屬靈嬰孩才能「長大成人，滿有基督長成的身量。」（弗4：12下）

　　現今，我願意成為你的栽培者，在你的生命成長中，付出時間、精神、愛心等代價，與你共同邁向成長之路，希望你能把握這機會，接受栽培。相信你的屬靈生命必然會成長。

　　在此，我對你有些期望：
1. 渴慕追求：彼得前書2章2節說：「要愛慕那純淨的靈奶，像才生的嬰孩愛慕奶一樣，叫你們因此漸長，以至得救。」主耶穌也說：「飢渴慕義的人有福了，因為他們必得飽足。」（太5：6）所以，渴慕靈命長進的心志是受栽培者首要的條件。
2. 謙卑領受：雅各說：「神阻擋驕傲的人，賜恩給謙卑的人。」（雅4：6）一個驕傲的人，以為甚麼都懂，就不肯謙卑受教，靈命就不會成長。
3. 順服權柄：希伯來書的作者勸勉那些學習者，務必順服那些教導他們的領袖（來13：17）。順服是渴慕和謙卑的表現。當然，錯誤的道理和不符合聖經的教導，以及濫用權柄，是我們不應該順服的。
4. 認真學習：你應立下心志，絕不隨意缺課、遲到或早退、馬虎敷衍；卻要按時完成作業。
5. 肯付代價：沒有一件事情的成功，是不需要付代價的。靈命的成長也不例外。靈命成長的快慢和程度與我們學習所付出的代價成正比。代價付得越多，成長就越快和越多。越少付代價，成長就越少和越慢。

最後，願神與你同在，開始這成長之路。

　　　　　　　願與你同成長的，

　　　　　　　　　　　　　　　　　　　　　敬上

前　言

在約翰福音 10 章 10 節裏，耶穌說：「我來了，是要叫羊得生命，並且得的更豐盛。」但是多數人拒絕接受基督和祂所賜的永生。同樣可悲的是，有些人已經接受祂爲救主，是已經出死入生了，卻未能經歷這豐盛的生命。聖經形容這種基督徒爲「基督裏的嬰孩」（林前 3：1）。

這本聖經栽培課程是爲了以下的幾種情形而寫的：

1. **造就自己**：幫助自己靈命成長，能真正擁有基督所應許既喜樂、又豐盛的生命。
2. **裝備其他信徒**：裝備其他基督徒，學會使用「豐盛生命」這本書，並以一對一的方式，訓練初信主，卻有心追求的基督徒。

課程說明

請按本書的編排次序研讀此課程，因每一課的內容都是根據上一課所討論過的資料而來。每一課均分三部分：課文，習題，以及該背誦和該讀的經文部分。

做習題之前，至少應詳讀課文一次。

做習題時，先讀問題，然後查看相關經文。大多數的習題爲是非題，還有填充題，選擇題，以及配合題。

另請預備一本活頁筆記本。將你的答案寫在筆記本上，按以上同樣次序將每一個答案寫下。

在開始上課的同一天，就要開始背誦經文。你自己可製作背經卡，要每天複習，費時不必多，但很重要；很多人覺得上這課程時，背誦經文一事使他們受益最多。背經文的祕訣不外複習、複習、再複習。

這課程不僅是爲個人研讀設計的，同時也適合用來訓練信徒能在教會中以一對一方式栽培初信者。這課程對出外服兵役者或學子也會很有幫助。

目　錄

呱呱落地

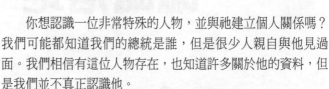

第一課　呱呱落地

　　你想認識一位非常特殊的人物，並與祂建立個人關係嗎？我們可能都知道我們的總統是誰，但是很少人親自與他見過面。我們相信有這位人物存在，也知道許多關於他的資料，但是我們並不真正認識他。

　　同樣，大部分的人都聽說過耶穌基督。他們知道，並也可能相信一些關於祂的事——祂的出生，祂的教導，祂的受死和祂的復活，但是他們沒有與祂建立起個人的關係，讓祂成為他們的救主和生命的主。現在讓我們來見見這一位特殊人物，並開始與祂建立關係。究竟祂是誰呢？有人認為祂是：

一個榜樣

　　許多人視耶穌為一個完美的榜樣，為他們生活的典範。祂一生實在是完美的，沒有瑕疵，毫無玷污，完全無罪，連判祂死刑的官也說：「我查不出他有甚麼罪來。」（約19：4）然而每個人都必須承認，我們即使有如此完全的榜樣，也是無能力效法。我們還需更深入地去認識祂，不能只把祂當作一個榜樣而已。

一位教師或先知

　　當耶穌在世時，極多人來聽祂講道和教導。不論貧富也不論是知識分子或一般市井小民，大家都認出耶穌是一位偉大的教師，祂是「由神那裏來」的（約3：2）。那些反對祂的人雖狡詐，也無法用難題難住祂。約翰福音3章1至15節，耶穌告訴一位猶太人的官說，他應當更深入地了解祂，不能只是認出祂是一位偉大的教師或先知而已。

一位君王

　　在耶穌受死的前一個星期天，群眾要擁戴祂作王。他們在

尋找一個領導者，能將他們從羅馬政權手中解救出來，使國家恢復獨立自主。但是在他們認祂作君王之前，他們必須從另一個角度去迎見祂——先認祂爲他們的救贖主。

一位殉道者或一位英雄

人人都崇拜英雄，或那些能爲崇高理想而犧牲的人；然而基督的死卻不是一項嚴重錯誤或一件意外事故而已。基督是爲了受死而來到這世界；神在創造世界以前就已如此計畫（徒2：23；彼前1：20）。儘管耶穌可以召十二營天使來護衛祂，祂卻沒有這麼做（太26：53）。因此，我們必須領悟到，耶穌並非僅僅只是一位殉道者而已。

一位救主

在接受耶穌爲你個人的救主之前，你必須了解四件事。

人當初是爲神的榮耀而被造（賽43：7）。但這原來的目的卻被罪所破壞，人從此變得非常邪惡及無用（羅3：10~12）。如今人人都被判了死刑，「因爲世人都犯了罪」（羅3：23）；而「罪的工價乃是死」（羅6：23）；我們已經被定死罪（約3：18）。所以——

1. 你必須得救。
2. 你不能救自己；救恩是神白白賜給我們的（弗2：8，9；多3：5；羅6：23）。
3. 基督已爲你的救恩付上贖價。基督已經代替你背負刑罰：「他被掛在木頭上，親身擔當了我們的罪」（彼前2：24）；「基督既爲我們受了咒詛，就贖出我們脫離律法的咒詛」（加3：13；賽53：6）。
4. 你必須相信並接受耶穌作你個人的救主。

你怎樣接受祂作救主呢？耶穌說：「看哪！我站在門外叩門，若有聽見我聲音就開門的，我要進到他那裏去」（啟3：20）；聖經告訴我們：「凡接待他的，就是信他名的人，他

就賜他們權柄，作神的兒女。」（約1：12）

如果你接受耶穌基督並祂爲你成就的奇妙救恩，你便可得到永生，這永生只有在神兒子耶穌基督裏面才找得到（約3：16，約壹5：11~13）。

只憑頭腦了解這些道理，並無法使你得救，惟有憑信心接受祂進入你心中，才能使你得到新生命！

「一個罪人悔改，在神的使者面前，也是這樣爲他歡喜。」（路15：10）

神的使者歡喜，是因爲一個「新生兒」重生進了神的國度，你如今接受基督爲你個人的救主，所以神的使者也要爲你歡喜。

你若這樣做，按聖經來說，就是「從神生了」（約1：12，13）。如果你還沒有接受祂爲救主，就請在此暫停；先接受祂爲你的救主，千萬不要去「裝作基督徒」。

本週應背誦的經節：

啟3：20
約1：12

習題（請圈是或非）

1. 聖經主要目的，是告訴我們世界的歷史（約20：31）。 ·· 是／非

2. 約翰福音8章12節稱彼得為世界的光。 ············ 是／非

3. 人人都樂意來接受耶穌，這世界的光（約3：19）。 是／非

4. 那些行惡事的人會恐怕自己的行為被責備（約3：20）。 ·· 是／非

5. 凡犯罪的就是罪的奴僕（約8：34）。 ············ 是／非

6. 在約翰福音16章9節，耶穌說，不信祂就是罪。··· 是／非

7. 人人都是罪人（羅3：23）。 ····················· 是／非

8. 罪的後果就是死（結18：4；羅6：23）。 ······ 是／非

9. 罪人現在尚未被定罪，要在死後才被定罪（約3：18）。 ·· 是／非

10. 基督降世為要定人的罪（約3：17）。 ············ 是／非

11. 人雖是有罪的，神還是愛他（約3：16）。 ······ 是／非

12. 因為基督已經為眾人死了，所以每一個人都會自然地得到救恩（約8：24）。 ·················· 是／非

13. 耶穌受審時被證實曾犯了一些過錯（約19：4；來4：15）。 ·· 是／非

14. 「因基督也曾一次為罪受苦，就是義的代替不義的〔填上你的名字_____〕，為要_____我們到神面前」（彼前3：18）；「他被掛在木頭上，親身擔當了我（們）〔填上你的名字_____〕的罪」（彼前2：24）。

15. 羅馬書6章23節告訴我們，永生乃是_____。

16. 只要我們行善多於作惡，就能得救（弗2：8，9；多3：5）。 …………………………………… 是／非

17. 在神的眼中，你的「義」（善行）好比甚麼（賽64：6）？
_____

18. 還有甚麼其他的方法能帶我們到神那裏去嗎（箴14：12；約14：6；徒4：12）？_____

19. 耶穌說：「看哪！我站在門外叩門，若有聽見我聲音就開門的，我要_____他那裏去」（啟3：20）。

20. 「凡接待他的，就是信他名的人，他就賜他們〔填上你的名字_____〕權柄，作神的兒女」（約1：12）。

21. 如果你說：「因為世人都犯了罪（羅3：23），所以我承認我也是罪人；耶穌已為我的罪受死（彼前3：18），我願歸向耶穌，並接受祂為我的救主（約1：12）」，祂會救你嗎？_____

22. 你曾接受祂為你的救主嗎？_____

23. 甚麼時候？_____

24. 多馬相信之後，他立即發現自己在與誰說話（約20：28，29）？_____

若你已背誦了本週的經文，試默寫出來：

啟 3：20

_____

_____

約 1：12

_____

_____

下週功課：

閱讀「細心照顧」一文及做習題。

細心照顧

第二課　細心照顧

你一旦接受了祂為救主，你便是誕生在宇宙最富足的家庭中，不僅在今世，在來生你也可以承受許多意想不到的特權和美好的產業（彼前1：3，4）。

不論你在世上有多高的地位或受過多麼好的教育，你必須記住，目前自己不過還是個屬靈的「嬰兒」，你的當務之急就是要成長（彼前2：2，3；林前3：1）。

從以下這些課文裏，你要去發掘、承受、使用、分享你所該得的產業。但正如一個繼承人常常需要等到年滿二十一歲才能取得繼承權；同樣地，你也必須先在靈裏成長後，才能承受你從神那裏所得來的產權。

當嬰兒剛誕生時，他的父母所關心的，不是他們孩子將來的房產、地產、教育、職業，或找配偶、生子等事，他們最關心的是幾項眼前的需要：

一、預防疾病

醫生和護士會盡可能使初生的嬰兒不感染病菌。身為屬靈的新生兒，你也必須防禦撒但的攻擊。撒但會因失去國度中的一個成員，而忿怒不已，他現在必會想盡辦法使你在世人面前犯錯，撒但喜歡看見基督徒犯罪、失敗。

打預防針

由於醫生知道某些疾病的存在，所以當嬰兒身體尚健康時，他就會預先注射疫苗，使身體能對抗這些病菌。

警告

在信主的頭幾天或頭幾個星期裏，你最容易感染那些阻擾你屬靈生命成長的疾病。許多基督徒靈命的成長就是在這個階段時受到阻礙，因而成為屬靈的矮人。

二、預防疑心病

撒但通常會先用懷疑來攻擊你，他主要的陰謀是想說服你
——神並不善良。

症候

缺乏安全感

一個嬰兒需要感受到安全和被愛。可是撒但會企圖讓你對
神在你身上完成的救恩起懷疑。他會時常對你耳語：「你不至
於認為只要相信並接受耶穌為你的救主，就可以得救吧？你必
須做更多的事才能除掉你的罪，得以進入天國。」面對這樣的
聲音，你該怎麼辦呢？請注意神的話語，並要堅信祂的應許。

神應許的是甚麼呢？約翰壹書 5 章 11~12 節說：「這見
證，就是神賜給我們永生，這永生也是在他兒子裏面。人有了
神的兒子就有生命，沒有神的兒子就沒有生命。」這是本課要
背誦的四段經文中的第一段。要你背誦經文，可能像小孩子討
厭打針一般難受，不過很快你就會發現，將經文藏在心裏的價
值（詩119：11），這正是用來抵擋撒但攻擊的寶劍。

太軟弱

撒但不久還會用另一種念頭來反擊你，他會說：「好吧！
就算你有了永生，但一定無法活出應有的生活形態。你如何面
對這個罪（撒但會從你的記憶中挑出一種罪來）？你無法克服
它嗎？然而神對你會有很高的期望，何不趁早放棄你的信仰？
試也無用，你太軟弱了。」但再一次，你要學習依靠神的應許
和祂的信實。哥林多前書10章13節說：「你們所遇見的試探，
無非是人所能受的。神是信實的，必不叫你們受試探過於所能
受的，在受試探的時候，總要給你們開一條出路，叫你們能
忍受得住。」（可隨身攜帶自製的這些經文卡片，利用休
閒時間反覆溫習。）

①將經文藏在心裡
②學習依靠神的
應許

〈詩篇119：11〉
我將你的話藏
在心裏，免得我
得罪你

常遇困難

如同幼兒經常走偏，跌在泥濘中，同樣，基督徒有時也會落在罪中。撒但從不放過這種機會，他立刻會讓你這樣想：看看你做了甚麼事；一個基督徒不應有這樣舉止的，聖潔的神再不會理你了；但是，正如慈愛的父母會抱起哭泣的小孩，擦淨他手中的泥濘，我們的天父也曾賜我們一奇妙的應許：

神怎麼說的？約翰壹書1章9節：「我們若認自己的罪，神是信實的、是公義的，必要赦免我們的罪，洗淨我們一切的不義。」

需要照顧

嬰兒是非常無助的，父母必須無微不至地供應他、照顧他。因此，為要抵擋撒但的欺騙與他對神的控告，我們應抓住神寶貴的應許為依據。約翰福音16章24節：「向來你們沒有奉我的名求甚麼，如今你們求就必得著，叫你們的喜樂可以滿足。」求神用這節經文幫助你牢記祂的話語。每次練習背誦經文時，開始和結束時最好都背出章節。背經文的祕訣就是不斷複習。

大致說來，你個人的心態影響了靈命成長的速度。

兩個建議：

1. 學會屬靈的「打嗝」，把碰到的一些小問題嗝出來。

就如每個小孩遲早都會感到疑惑，開始發問：「我是從哪裏來的？我是怎麼生出來的？我真是父母親生的嗎？還是領養的？我真是屬於他們的嗎？」神的兒女也同樣會有類似的疑問。

你可將問題請教教會中的牧者或弟兄姊妹，相信他們是很樂意幫助你面對你的問題的。

2. 學習存記神的話（聖經），以克服你的困難。

大部分人在開始背經時都會遇到困難，它像其他的技能一樣，需要反覆練習。正如你非得勤奮工作，不斷練習，不然你

就不能成爲一位好的醫生、明星球員或任何有專長的人。

愈多背誦經文，就會愈容易背。背誦經文並不需要太多的時間，反而能幫助你學習節省時間，因爲你會利用到一天中經常被你浪費掉的那些時刻。那些實在忙得找不出時間去參加其他任何方式查經的人，也可以藉背誦經文而得到好處。

在讀經時要聯想到，不同的經文可以如何在生活上應用，則更能幫助我們的背經。

拿些小卡片寫上你要背的經文和章節，每段經文用一張卡片，大部分的經句都可以寫在2×3吋的卡片內。抄寫經句會幫助你記憶，加倍的福分會臨到那些全心與神同背經文的人。

三、對抗下列疑心病的預防針

神賜給每位重生得救者的五樣確據，用來對付撒但的攻擊，使我們免除懷疑：

1. 懷疑有否得救時，背約壹5：11，12（得救的確據）。
2. 懷疑能否勝過試探時，背林前10：13（得勝的確據）。
3. 懷疑罪是否已得赦免，背約壹1：9（赦罪的確據）。
4. 懷疑神是否眷顧，背約16：24（禱告蒙應允的確據）。
5. 懷疑神是否引領，背箴3：5，6（引領的確據）。

本週應背誦的經節：

約壹5：11~12

約壹1：9

習題

1. 你已認識主耶穌基督，也已接受祂爲你個人的救主。祂所賜給你的是（約14：6；加2：20；約壹5：11）：——（選正確或最接近的答案）
   - ☐ 新的機會
   - ☑ 祂的生命
   - ☐ 新的規條

2. 約翰福音3章18節說，過去你是 <u>罪已被定</u> 的人。

3. 約翰福音10章28節說，如今你有 <u>永生</u> 。

4. 約翰福音5章24節說，基督徒有一天將要被定罪。 …………………………………………… 是／非

5. 神要你清楚知道，你是否已有永生（約壹5：13）。 （是）／非

6. 約翰福音6章37節耶穌說，那些不太壞的人都可以到祂那裏去。 ………………………………… 是／非

7. 耶穌說祂的羊永不會滅亡（約10：28）。……… 是／非

8. 沒有任何困難、憂慮或任何其他遭遇能使我們與基督的愛隔絕（羅8：35~39）。………………… 是／非

9. 你可能從基督的手裏被奪去（約10：28）。…… 是／非

10. 當你是基督手指的一部分時，你還會從祂的指縫中滑落嗎？（林前12：13；弗5：30；身體，骨、肉） ………………………………………… 是／非

11. 神有意讓一些信徒失落（約6：39）。 ………… 是／非

12. 誰是耶穌的後盾，使祂的羊有雙重保障（約10：29）？
_____

13. 我們的救恩是靠著誰的能力保守（彼前1：5）？ _____

14. 聖靈與基督徒同在，並引領、保守基督徒的生活直到何時（約14：16，17）？_____

15. 約翰福音14章16節和17節論到聖靈時，也說，「他常與你們同在，也要_____。」

16. 因神從不說謊，我們可以深信祂的應許（民23：19）。 …………………………………… 是／非

17. 羅馬書10章17節教導我們，永生的確據是根據：
□ 你的感覺
□ 你立志改善
□ 神的話
□ 你的善行
□ 你是教會會員

18. 如果你不相信神為祂兒子所作的見證，就是將神當作____
_____（約壹5：10）。

19. 你成為基督徒之後，神並不期望你的生命有所改變（約8：11；林後5：17）。 …………………… 是／非

20. 耶穌應許賜下平安和喜樂給信靠祂的人（約14：27；15：11）。 …………………………………… 是／非

21. 約翰福音8章31節告訴我們，如果你是祂的門徒，你會常常_____。

22. 神用甚麼方法來改變你的生命（約15：3）？_____

23. 你應將神的話放在哪裏（詩119：11）？＿＿＿＿＿＿＿

24. 你可以如何向基督表示你的愛（約14：21）？＿＿＿＿＿＿＿

25. 耶穌在約翰福音13章34～35節說，眾人會因此認出你們是
    我的門徒，如果你們遵守以下這條新命令——
    □ 什一奉獻
    □ 星期天去教會
    □ 彼此相愛

26. 只有牧師和主日學老師有責任去傳福音（約20：
    21）。 ……………………………………………… 是／非

若你已背誦了本週的經文，試默寫出來：
約壹 5 ： 11~12

＿＿＿＿＿＿＿＿＿＿＿＿＿＿＿＿＿＿＿＿＿＿＿＿＿＿

＿＿＿＿＿＿＿＿＿＿＿＿＿＿＿＿＿＿＿＿＿＿＿＿＿＿

約壹 1 ： 9

＿＿＿＿＿＿＿＿＿＿＿＿＿＿＿＿＿＿＿＿＿＿＿＿＿＿

＿＿＿＿＿＿＿＿＿＿＿＿＿＿＿＿＿＿＿＿＿＿＿＿＿＿

下週功課：

閱讀「定時進食」一文及做習題。

定時進食

第三課　定時進食

一個新生嬰兒的成長，其中最重要的一件事，就是：吃。

一、吃

正如嬰兒需要食物，你也需要靈糧。你決不會等到星期日才從冰箱隨便拿出一些東西餵嬰兒，然後叫他等到下星期日再來吃下一餐；或對嬰兒說：「如果在下星期日來到之前，你已經餓了，就自己到廚房裏找些點心吃吧！」首先要了解，嬰兒無法照顧自己，他不可能走到廚房去，更不可能分辨瓶瓶罐罐裏都是些甚麼東西；就算他意外地找到一些東西，他也無法將它消化。嬰兒需要特別的食物和有規律的進食，才能正常地發育。所以，若要靈裏的「嬰孩」長大成熟，我們必須先滿足他特殊的需要。

最初期餵的奶水——靈奶

「就要愛慕那純淨的靈奶，像才生的嬰孩愛慕奶一樣，叫你們因此漸長。」（彼前2：2）

你現在開始與神的性情有分（彼後1：4），你的靈更會渴望與神相交；你心中有一個空隙，只有神才能填滿。因此，你需要每天有一段安靜的時間與祂相交，親近祂——這就是所謂的「靈修時間」。

二、靈修時間

建立良好的靈修習慣，比任何服事更能幫助你靈命的成長，也是你得享豐盛生命的第一步。所以你不能沒有安靜的靈修時間。

有一顆願意親近主的心固然很好，但還不夠，若是只在別的事都忙完後，才用短短的時間來親近神，你大概永遠也不會建立起良好的靈修生活。

1. 抽出一定的時間

最好選擇一固定靈修時間。通常以一天的開始為最佳，但每一個人的理想時間各有不同，工作、職責、性情也都不同。有些人覺得清晨用餐前最理想；有些人則認為早餐後、臨睡前，或白日的某一時間更合適。對母親來說，可能在孩子上學後，或嬰兒熟睡時最合適。若可能的話，應在面對一天的問題之前，先來親近神。

時間　地點　目的　方法

四件事

如果你能每天安排三餐，來滿足肉體的需要，你也該可安排每天都有一段靈修時間，來滿足靈魂的需要。

究竟該用多長的時間呢？剛開始以不少過十五分鐘為佳，但要持之以恆。在神的帶領下，可逐漸增長時間，並使它變成日常生活的一部分。

用每天二十四小時的九十六分之一來靈修，還算太多嗎？你現在就可下決心定一個時間，向神作一個承諾。記住，你的新郎（主耶穌）正等著與你約會，別讓祂失望喔！（聖經比喻耶穌為新郎，教會／眾信徒為新娘，弗5：31~32；啟19：7）

2. 選擇固定的地點

戀人通常都有一個特別喜愛的獨處之處。若有可能，應選定一個安靜的角落，與你靈裏的愛人相會。但對某些人而言，這可能有困難；也許你要利用儲藏室，地下室的某個角落，或車房，庭院等。現在就選定一個與神相會的地方吧！

3. 訂下確定的目標

你願意藉著與神相交，使自己變得更像基督。你希望「認識基督，曉得他復活的大能，並且曉得和他一同受苦，效法他的死。」（腓3：10）你希望基督確實在你裏面活著（加2：20）。

你不僅想要更多認識祂，也希望求祂光照你，使你看見自己的本相，靈修時間就是你在神面前自省、認罪，並得潔淨的機會。

你願意明白神的心意與思想，願向祂表達你完全依靠祂的決心，並將你每日所需的智慧、指引和物質上的需要帶到祂面前，如此你才能更有力地裝備自己，面對一天的試探和難處（賽40：29~31）。

三、正確的靈修方式

你的靈修時間應包含三部分：讀神的話，默想和禱告。這三部分可以混合進行。不用很仔細地計劃每一分鐘，但也不要只將時間混過去就算了。

1. 讀經方式

以下這個方法可幫助你學習如何在靈修時使用神的話。

許多人有戴眼鏡的必要；你在靈修時，也應學詩人的禱告：「求你開我的眼睛，使我看出你律法中的的奇妙。」（詩119：18）你需要戴上屬靈眼鏡，用神的眼光察看自己。如此，聖靈才能用聖經的話語去鑑察你的心思意念，指出你的罪來，因「神的道是活潑的，是有功效的。比一切兩刃的劍更快，甚至魂與靈，骨節與骨髓，都能刺入剖開；連心中的思念和主意都能辨明。並且被造的，沒有一樣在他面前不顯然的；原來萬物在那與我們有關係的主眼前，都是赤露敞開的。」（來4：12，13）神的話又好比一面鏡子，可反照出自己的光景（雅1：23，24）。你願用神的眼光來認識自己，又願聖靈用神的話向你啟示基督麼？從創世記到啟示錄，你可以看到基督的預表，象徵和應許。

在靈修時讀經不只是為了增添屬靈知識，而是讓神藉著聖經向你說話。祂可能用一節經文刺激你的記憶或良知，甚至能使你想起與此經文完全無關的事。

不要草率了事，要慢慢地讀神的話，並反問自己一些問題，可朝三個主要的問題反問：

(1) 經文讓我知些甚麼？

此乃觀察聖經事實部分，可重覆讀幾遍，以掌握該段經文

的內容並中心思想。以下的問題可助你作觀察：

- 有何罪要求寬恕？
- 有何應許可抓住？
- 有何榜樣該仿效？
- 有何誡命該遵守？
- 有何絆腳石或錯誤要提防？
- 對神有何新認識？

本章結尾有一個例子，藉歌羅西書第3章，來幫助我們自省。其實從這章經文中還可以得到很多亮光，但是我們只列少數幾項，為了讓你了解此處所談讀經的一般性原則（你可用它為樣本，複印更多的表格）。保羅書信和箴言也都是很好的材料。你可先讀歌羅西書第3章，再讀新約聖經中較短的書信。

學習作最精簡的筆記，自己看得懂就好；也不必照著以上所提自省問題的順序回答，但要將這幾個問題牢記在心。在有些經文中，你可能找不出該仿效的榜樣，卻找到許多神的應許；另一些經文則正好相反。

(2) 經文向我說些甚麼？

此乃觀察信息部分，即神藉經文向你個人所說的話。例如：當聖靈指出你的罪時，應當停下來，立刻向神認罪。凡神稱之為罪的，你也當像神一樣稱它們為罪——讒言、貪婪、不饒恕人或說謊等均是。然後照著約翰壹書1章9節所說的，向神認罪，並抓住神赦免和潔淨的應許。

當你讀到有關神的應許時，立即憑著信心和感謝的心向神支取。

當你讀到神的命令時，告訴祂你願意照著行。

留意有關基督屬性的經文，例如，歌羅西書3章13節談的就是基督善饒恕的屬性。

(3) 經文要我做些甚麼？

此乃個人生活應用部分。現在聖靈既已啟示一些關係你生

活上的新旨意，你該怎麼做呢？神已指示出你前面的方向，你若照著行就有福（約13：17）；若不肯去行，就是罪（雅4：17）。要果斷力行。假若聖靈藉著歌羅西書3章13節讓你看見，你還未饒恕一位鄰居，就要立刻向神認罪，且盡快告訴你的鄰居，你不再計較，並請他赦免你不饒恕人的心。第20節說到，凡事要聽從父母；如果你沒有聽從父母，要向他們道歉，並感謝他們教養你。第9節談到說謊──求神幫助你本週管理你的舌頭等等，將它實際地一一的寫下。「這些事你要殷勤去作，並要在此專心，使眾人看出你的長進來。」（提前4：15）所謂默想就是要將屬靈知識消化吸收，使它們變成你生活的一部分。

2. 健全的靈修生活

對一位基督徒而言，沒有任何一件事比建立健全的靈修生活更重要了。它乃是你屬靈生命的原動力。將神的話藏在心裏，並花時間與神相交，可幫助你勝過日後要面對的試探、痛苦、憂傷和困難。因此擁有健全的靈修生活是很重要的。

3. 研讀平行經文的重要

當你對聖經比較熟悉後，看到某節經文，可能會使你聯想到另一處經文，或藉此幫助你更了解這段經文。你可將這些平行經文的章節寫在聖經空白的地方，以免忘記。查看平行經文對研讀很有益處，把你的聖經本身變為最好的解經書。但在靈修時，也不要在這方面花太多時間。

四、其他有關靈修生活的建議

1. 出聲禱告，常能幫助你不胡思亂想。一旦熟悉了自己的聲調，也可幫助你敢在人前開口禱告。
2. 不要太死板。如果不能專心，可以改變一些程序。
3. 期待神的同在，因祂曾這樣應許過（約14：16；太28：20）。
4. 如果你某天錯過了靈修時間，也不必整天為此懊惱；可

在工作時，或在學校裏和神交談，求神賜給你當日所需的能力，好將榮耀歸給神。如果是你的錯，就向神認罪。

5. 對神持守正確的心態。

6. 不要用靈修時間來預備主日學或小組查經的功課。

五、如何作靈修筆記

範例

所讀經文：歌羅西書3章
日　　期：7月19日

1. **禱告求神幫助：**「求你開我的眼睛，使我看出你律法中的奇妙。」（詩119：18）

   以下禱告可供參考：

   「親愛的主，聖經都是你所默示的，是我腳前的燈，路上的光，求你今天藉這段經文向我說話，使我能更認識你，明白你的旨意，求聖靈引導我進入真理，並行出真理，奉主耶穌基督的名禱告，阿們。」

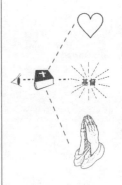

2. **根據所讀經文默想：**

(1) 經文讓我知些甚麼？

　＊有何罪要求寬恕？

　　8節，惱恨；

　　9節，說謊；

　　13節，不願饒恕人；

　　15節，憂慮，沒有感謝的心；

　　17節，為自己而工作。

　＊有何應許要抓住？

　　4節，一日將與基督一同顯現；

　　13節，祂的饒恕；2節，天上的獎賞。

＊有何榜樣要模仿？

13節，基督饒恕人的心。

＊有何誡命要遵守？

8，12，14節；18~21節，愛家人；

23節，無論作甚麼是為主而作。

＊有何錯誤要提防？

2節，喜愛世上的事；

8節，血氣的行為；11節，種族歧視。

＊對神有何新認識？

13節，基督的饒恕是我的榜樣。

(2) 經文向我說些甚麼？

- 我還未饒恕一位鄰居。
- 我沒有聽從父母。
- 要誠實──不說謊。
- 我常有憂慮。

(3) 經文要我做些甚麼？

＊在生活中的具體應用？

- 求神幫助管理我的舌頭。
- 向鄰居道歉，請他原諒。
- 寫信給父母。
- 將我的憂慮卸給神，不要憂慮（彼前5：7）。

3. 回應神的話：

(1) 藉禱告回應神。

就是將所獲得的信息化為個人向神的禱告。

(2) 藉行道回應神。

將所領受的道實行在實際的生活中。

從今天開始，你可照著下列所列的約翰福音讀經段落進行
每天靈修生活的操練。

約翰福音讀經段落

(01) 約1：1~18　　(20) 約7：25~36　　(39) 約14：1~11

(02) 約1：19~34　(21) 約7：37~52　　(40) 約14：12~24

(03) 約1：35~51　(22) 約8：1~11　　(41) 約14：25~31

(04) 約2：1~12　　(23) 約8：12~30　　(42) 約15：1~17

(05) 約2：13~25　(24) 約8：31~47　　(43) 約15：18~27

(06) 約3：1~15　　(25) 約8：48~59　　(44) 約16：1~15

(07) 約3：16~21　(26) 約9：1~12　　(45) 約16：16~33

(08) 約3：22~36　(27) 約9：13~34　　(46) 約17：1~12

(09) 約4：1~26　　(28) 約9：35~41　　(47) 約17：13~26

(10) 約4：27~42　(29) 約10：1~21　　(48) 約18：1~14

(11) 約4：43~54　(30) 約10：22~42　(49) 約18：15~27

(12) 約5：1~18　　(31) 約11：1~16　　(50) 約18：28~40

(13) 約5：19~29　(32) 約11：17~44　(51) 約19：1~16

(14) 約5：30~47　(33) 約11：45~57　(52) 約19：17~30

(15) 約6：1~21　　(34) 約12：1~19　　(53) 約19：31~42

(16) 約6：22~40　(35) 約12：20~36　(54) 約20：1~18

(17) 約6：41~59　(36) 約12：37~50　(55) 約20：19~31

(18) 約6：60~71　(37) 約13：1~17　　(56) 約21：1~14

(19) 約7：1~24　　(38) 約13：18~38　(57) 約21：15~25

本週應背誦的經節：

約15：5

詩5：3

習題

1. 你一部分的禱告時間應用在私下單獨向神禱告上
   （太6：6）。……………………………………………… 是／非

2. 馬太福音26章36節，記載耶穌在何處禱告？ 客西馬尼

3. 但以理一天幾次在神面前禱告（但6：10）？ 3次

4. 約翰福音 4 章 23 節說，神在尋找真正敬拜祂的
   人。………………………………………………………… 是／非

5. 在以賽亞書40章29~31節，神應許凡等候耶和華的，必從
   新 得力 。

6. 神應許約書亞，如果他晝夜思想，謹守遵行祂的
   話，就可以道路亨通，凡事順利（書1：8）。… 是／非

7. 在約翰福音14章21節，耶穌應許要向遵守神命令的基督
   徒顯現，22節門徒問祂，如何向他們顯現。26節和16章
   13，14 節耶穌說，神會藉著 聖靈 ，來教導他們並
   且榮耀基督。

8. 有時你的行為可以矇蔽別人，但聖靈可以用神的話辨明
   你真正的 思念 和你心中的 主意+意念 （來4：12）。

9. 你對聖靈向你啟示的意念和真理應有甚麼看法（詩 139：
   17）？ 很寶貴

10. 經上說：（連連看）

B (1) 弗6：18 ✓　　(a) 當將你的事交託耶和華

D (2) 箴15：8，29　　(b) 真正的禱告是靠著聖靈的指引

E (3) 耶29：13　　(c) 罪孽使我們的禱告不蒙垂聽

C (4) 賽59：1，2　　(d) 正直人的祈禱為耶和華所喜悅

A (5) 詩37：4，5　　(e) 專心尋求耶和華

11. 使徒行傳 13 章 1~4 節記載，聖靈感動一個專心祈禱的教
　　會，以致使 巴拿巴 和保羅被差派走上他們第一次的宣教
　　旅程。

12. 提摩太前書 4 章 15 節教導我們，默想神的話實在
　　是浪費時間。…………………………… 是／非

若你已背誦了本週的經文，試默寫出來：

約 15：5

我是葡萄樹，你們是枝子，常在我裏面的，我也
常在他裏面，這人就多結果子，因為離了
我你們不能作什麼

詩 5：3

耶和華啊！早晨你必聽我的聲音
早晨我必向你陳明我的心意，少宴儆醒

下週功課：

1. 照「約翰福音讀經段落」進行靈修並做筆記。
2. 閱讀「牙牙學語」一文及做習題。

牙牙學語

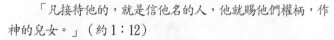

第四課　牙牙學語

兒子與後嗣——生在宇宙間最富有的家中之福氣

「凡接待他的，就是信他名的人，他就賜他們權柄，作神的兒女。」（約 1：12）

「神的兒子……和基督同作後嗣。」（羅 8：14~17；彼前 1：3，4）

神要你以禱告親近祂，這是何等不可思議的事！祂說：「你求告我，我就應允你，並將你所不知道、又大又難的事指示你。」（耶 33：3）神竟願為你如此行，這是何等難明的事！然而神真的是如此的愛你，甚至將祂的兒子賜給你；同時祂還應許要「把萬物和他（兒子）一同白白的賜給我們」（羅 8：32）。

當神創造宇宙萬物時，祂為世界的運作定下了某些自然律。這些自然律控制著各類活動：包括萬有引力；四季更替；撒種和收成各按其時；果樹各從其類結實；飛鳥各從其類抱雛；人種甚麼，就收甚麼；以及罪的代價就是死等。

但是神也時常插手改變一些事情。所以我們難免會問：「如果神通曉萬事，我們又何必祈求呢？祂不是比我還清楚我需要的是甚麼嗎？」但答案是：神決定採取禱告作為讓你得到你所祈求的，並藉以為你改變某些事件的途徑。

雅各書4章2節說：「你們得不著，是因為你們不求。」馬太福音7章7節和11節說：「你們祈求就給你們；尋找，就尋見；叩門，就給你們開門。」「你們雖然不好，尚且知道拿好東西給兒女，何況你們在天上的父，豈不更把好東西給求他的人麼？」

讓我們用不同的方法來探討禱告的權利與能力。

一、禱告的權利

1. 我們在父神家中是蒙神救贖的兒子（加4：4~7；弗2：19），因此我們可以親近神如同親近父親一樣，知道只要奉耶穌的名來到祂面前，祂一定會垂聽我們的禱告（約16：23，24）。
2. 我們是藉著禱告與神相交，並得以更認識祂（腓3：10；約壹1：3）。
3. 我們是基督的使者（林後5：20），藉著禱告與神同工。

禱告的權利好比在銀行開戶頭，如同有一位百萬富翁送給你一本簽好名的空白支票簿。然後為要保證這些支票都可被銀行兌現，他會到銀行去為每張支票出證明。神知道我們所有的需要及軟弱，因此祂不會應允那些會使你受到虧損或使祂的名蒙羞的祈求。

耶穌已給你留下寶貴的應許。祂已升到天上，現在正坐在天父的右邊為我們代求（來4：15，16）。

二、禱告的能力

1. 禱告能成就任何神願成就的事

支票的填寫要按照銀行特定的格式。同樣，神能成就一切合乎祂心意和屬性的事，但你不要指望神幫你完成不正當的事，因為神不能犯罪；你也不能奉耶穌的名求這些事，以為必蒙神的垂聽。所以禱告蒙垂聽的關鍵是：你所求的是否能榮耀耶穌的名呢？

「你們求也得不著」

「求也得不著，是因為你們妄求，要浪費在你們的宴樂中。」（雅4：3）

固然在祈求時心態必須正確，然而合乎聖經的方法乃是努

力地去求，因為除非你肯將支票拿去兌現，否則銀行帳戶裏的錢是提不出來的。所以好好祈求吧！

2. 禱告能帶出神的大能

信心是相信神會行事像神

「你們禱告，無論求甚麼，只要信，就必得著。」（太21：22）

所謂信心就是將神的應許帶到神的面前，並期待祂的應允。「耶和華啊，求你聽我的禱告，留心聽我的懇求，憑你的信實和公義應允我。」（詩143：1）

照著祂的旨意求

神在祂的話語中顯明祂的旨意。你對神的話了解愈深，你愈會禱告（約壹5：14，15）。

我們可以對禱告定義為：與神交談。

三、禱告的內容

禱告至少可分以下五個部分：

1. 讚美——敬拜和讚美神。
2. 認罪——當聖靈指出各種罪時，在神面前一一認罪。
3. 感恩——你對祂為你所做的一切表示感謝。
4. 代禱——為別人代求。
5. 祈求——為自己的一些需要祈求。

1. 讚美

花些時間讚美及將榮耀歸給神，默想祂的善良、慈愛和憐憫，並為神所賜給你的恩典感謝祂。經上說凡頌讚神的就是榮耀祂。你可以讀並默想一些詩篇裏的經文，這些都是神的百姓之心聲。

2. 認罪

生活中，我們或多或少都會做了一些錯事。有些是得罪了人，有些是自己思想行為上的錯誤。這些是神所不喜悅的，所以我們要在禱告時向神認罪，求祂的赦免；主應許必會赦免（約壹1：9）。

3. 感恩

現在再來看看在禱告中感恩的重要性。經上說：

「只要凡事藉著禱告、祈求，和感謝，將你們所要的告訴神。」（腓4：6）

「不住的禱告，凡事謝恩。」（帖前5：17，18）

你每次感謝神時，就要思想祂的仁慈以及那些曾蒙祂應允的禱告，這樣做會增加你的信心，並更使你相信你其他的祈求也必蒙垂聽。

向幫助過你的人表示謝意是該有的禮貌。回想一下神對你的恩典是何等浩大！耶穌曾為我們立下榜樣，在飯前謝飯（約6：11），這是我們每個人都會做，也都當做的事之一。

身為父母，你有帶領家人禱告的責任。如果你沒有在飯前謝飯的習慣，你願意從今天開始在家中為每餐謝飯嗎？

4. 祈求和代禱

當你的心思意念被神的話潔淨之後（如以弗所書5章26節所言），就可將自己和別人的需要帶到神前，神已應許賜給你指引、力量、智慧、衣食及你一切的需要。當你讀經時，一面思考那些自省的問題，一面記下神感動你要代禱的事項。

5. 「奉主耶穌的名」與「阿們」的意思

我們在禱告結束後，都會說：「奉主耶穌的名禱告，阿們」。「奉主耶穌的名」是基於耶穌的教導（約14：14），而耶穌這樣教導是因為人本身有罪，不能自行親近神，而基督便成了人與神的中間人（中保），人若不藉著祂，便不能到父那裏去（約14：6）。

「阿們」就是「誠心所願」的意思，即表示我們的禱告是出於真誠的。

四、必蒙應允的禱告

　　一位父親帶孩子出門，在路上他問孩子：「你想吃冰淇淋嗎？」或者：「買些花給媽媽好嗎？」孩子回答：「是呀！我想吃冰淇淋。」或「好呀！買些花給媽媽。」當這孩子出門時，他完全沒有想過這些事，這全是父親的主意。父親帶了很多錢，知道哪裏可以買到這些東西，他可以不必問孩子而直接去買，但他不想這樣做，卻透過孩子來完成他想做的事。神也一樣，祂喜歡透過禱告做工，並且「禱告可以改變萬事」。

　　當你與神相交到某種階段後，你的禱告會變成必蒙應允的禱告。這是那些不願花時間親近神，也不學著親近神的基督徒所無法享受到的。

真正的禱告

　　真正的禱告是出自天父的心意，神會透過聖靈，並且通常透過聖經，來讓你知道祂的心意。當你為神的這種心意祈求時，聖靈便將我們的祈求奉聖子的名帶到神面前，神便應允；這就是所謂在聖靈裏禱告（弗6：18；猶20），也是為甚麼有些人的禱告是如此的大有能力之故，因為他們的禱告是隨著聖靈禱告。例如：以利亞禱告要天閉塞不下雨，就有三年零六個月天不下雨，直到他禱告要下雨。因為這是神的旨意，祂在地上找到了一個可以與祂同工的人。

　　真正的禱告不是「要」神去做些事，而是「讓」神藉著你順從聖靈的禱告，在你和他人的身上成就神的旨意。

　　很多基督徒都作過見證，在沒有事先思念的情況下，聖靈帶領他們為一些朋友、家人或宣教士禱告；事後他才得悉，神在這些人身上有奇妙的作為，使他們所代禱的人，得以勝過試探、煩惱、危險、迫害、撒但的權勢，或是接受了基督的救恩。神透過禱告作工，這是祂所選擇的工作方式；祂在尋找在生活

中與祂相交，在禱告中聽聖靈帶領的人作同工。你願意成為神的同工嗎？

　　一架飛機飛近一個城市時，遇上風暴。駕駛員關心乘客的安危，所以他用無線電向指揮塔要資料和指引。機場回應有關的資料，所以飛機得以平安的繼續飛行。他只要花點時間調整無線電頻率，就可以接收任何廣播消息，甚至連他不想要的消息也收得到。他會收到多少資料，全與他肯花多少時間在此頻率上有關。

　　有些基督徒只知向神祈求，卻不知道神對他有更美好的計劃。與神相交時，神會向你啟示祂的意念、旨意和計劃。正如神和亞伯拉罕交談之後，神說：「我所要做的事，豈可瞞著亞伯拉罕呢？」（創18：17）試著調整你的作息時間，抽時間親近神，你便可被祂使用，使祂得著尊貴與榮耀。

五、如何培養良好的禱告習慣

- 避免一再重複神的名字。
- 避免重複用同樣的詞句。
- 不要指著別人禱告。
- 不要向著別人禱告。
- 避免為打動別人，用華麗的詞句。
- 在公禱時口齒要清晰。
- 向神說話要自然，也要存敬虔的態度。
- 禱告的內容要明確，心思不要游蕩。
- 每天有一定的時間向神禱告，與神有一段「安靜的時間」在一起。

1. 一點提醒

　　身為神的兒女，若想使你的禱告有果效，必須了解神在祂話語中所顯明有關禱告的權利、神的應許和限制。維持平衡的禱告和讀經的生活是非常重要的。禱告而不讀經，易陷入狂

熱；讀經而不禱告，易趨向冷淡無情。

2. 使用禱告簿

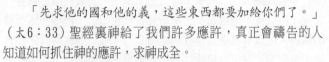

「先求他的國和他的義，這些東西都要加給你們了。」（太6：33）聖經裏神給了我們許多應許，真正會禱告的人知道如何抓住神的應許，求神成全。

下面有一禱告記錄表，用它有許多好處：

(1) 使你的禱告更明確。

(2) 使你的禱告更有果效。

(3) 從神的應允中，看出祂的信實。

(4) 幫助你記得神的信實。

(5) 禱告時思路可以集中。

3. 列出禱告事項

(1) 列出你有負擔的慕道友（本課要你列出這名單）；還有其他需要你代禱的人，例如：家人、主日學的弟兄姊妹、牧師、宣教士或鄰居等。

(2) 基督教團體，例如：教會、基督教學校、宣教機構或福音電臺等。

(3) 個人生活上實際的需要。

(4) 本課中其他的建議。

注意——

- 不要列太多的代禱事項，使禱告成為一項沉重的工作。

- 要照著代禱名單禱告。

- 不要墨守成規，偶爾變化靈修的程序。如果代禱事項太多了，可以分成幾部分，用幾天來禱告，或多花一些時間禱告。定時的翻閱代禱事項，將不再有負擔的事項刪去。

記住——禱告是神為你成就事情的方法。

4. 數算神的信實

學習使用以下的禱告記錄表：

禱告記錄表			
日期	代禱事項	相關經節	答應日期
8/6	願小寶得救	彼後 3：9	
8/30	新鞋子	太 6：33	9/3
8/31	不要為他憂慮	彼前 5：7	心中有平安
9/7	讀書有智慧	雅 1：5	
9/10	有膽量向小寶傳福音	徒 4：29，30	9/11
9/15	為查經小組預備信息，且有勇氣宣講	腓 4：13	9/22
9/16	不讓我懷恨老陳，而去愛他	加 5：22，23	
9/18	去某城的交通工具	腓 4：19	

有些代禱事項是屬於私人性質的，也許你可以將之簡述。這是你私人的代禱簿，然而你可能和代禱同伴分享，或給剛得救的基督徒作參考。

除了以上的例子之外，或許你還有一些一般性的項目，不需要將它寫下來。

本週應背誦的經節：

約 16：24

太 21：22

習題

1. 我們最初的禱告，應包括求主「教導我們禱告」
   （路11：1）。 ·· 是／非

2. 一旦成為基督徒後，你就可以奉耶穌的名祈求（約
   16：24）。 ·· 是／非

3. 當你禱告時，你的動機應是求自己得榮耀（約14：
   13）。 ·· 是／非

4. 以弗所書2章18節告訴我們，我們得以進到父面前，是藉
   著_____被_____。

5. 有效之禱告的一些先決條件是：（連連看）
   - (1) 太21：22　　　　(a) 常在基督裏面
   - (2) 約壹5：14，15　　(b) 信
   - (3) 約15：7　　　　　(c) 照著祂的旨意求
   - (4) 約15：7　　　　　(d) 讓祂的話常在我們裏面
   - (5) 約壹3：22　　　　(e) 不妄求
   - (6) 雅4：3　　　　　(f) 遵守神的命令

6. 有時是甚麼攔阻了我們的禱告（賽59：1，2）？_____
   _____。

7. 你若犯了罪，要如何才能恢復與神交通（詩32：5）？____
   _____
   _____

8. 你何時需要禱告？（連連看）

(1) 帖前5：17　　　(a) 受試探時

(2) 來4：16　　　　(b) 受苦時

(3) 太26：41　　　(c) 經常不住的

(4) 雅5：13　　　　(d) 晚上，早晨，晌午

(5) 詩55：17　　　(e) 有需要的時候

9. 你當為誰禱告？（連連看）

(1) 弗6：18　　　　(a) 你的仇敵

(2) 太5：44　　　　(b) 眾聖徒（基督徒）

(3) 雅5：14~16　　(c) 萬人、君王和一切在位的

(4) 提前2：1，2　　(d) 患病者

(5) 提前2：4　　　(e) 未得救的人

10. 應當禱告的事項包括：（連連看）

(1) 雅1：5　　　　　(a) 尋求神的能力

(2) 徒4：29，30　　(b) 求神指教你明白祂的律法

(3) 詩19：12　　　　(c) 放膽見證神

(4) 詩105：4　　　　(d) 求智慧

(5) 詩119：33　　　(e) 赦免隱而未現的過錯

(6) 彼前5：7　　　　(f) 知道神的旨意

(7) 西1：9　　　　　(g) 一切的憂慮

11. 聖經中所提到禱告的姿勢有：（連連看）

(1) 可11：25　　　(a) 俯伏在地

(2) 王上19：4　　　(b) 坐著

(3) 路22：41　　　(c) 站著

(4) 太26：39　　　(d) 跪下

12. 你禱告生活中一部分應該是甚麼形式的禱告（太6：6）？

_____

13. 禱告時應避免甚麼（太6：7）？_____

14. 當我們不曉得怎樣禱告時，誰會幫助我們（羅 8：26，27）？_____

15. 你是否已開始列出一個未得救朋友的代禱名單？_____
_____

若你已背誦了本週的經文，試默寫出來：

約 16：24

_____

_____

太 21：22

_____

_____

下週功課：

1. 操練禱告。
2. 繼續進行「約翰福音讀經段落」的靈修及做筆記。
3. 閱讀「學習行走」一文及做習題。

學習行走

第五課 學習行走

一、試探

假若有位大戶人家的父親給小乖一張五十元鈔票，要他去買一罐十五元的油漆；並告訴他要將餘數拿回家，但他自己可留五元去買零食以外的任何東西，因為快到要吃晚餐的時間了。父親並囑咐老師陪小乖同去。

特價 $30/3罐

油漆 油漆 油漆

商店的老闆不很老實，一心只想賺錢。他偽裝很善良的樣子，好贏得客戶的信任，因而可說服他們多花錢。小乖到了店裏，正好油漆在減價，三十塊錢三罐。店主想說服小乖買三罐，並說他父親一定會認為他這樣做是明智之舉。但是老師提醒小乖，父親只要他「買一罐油漆」，所以小乖只買了一罐。

但店主為了想要從小孩身上多賺些錢，就建議小乖到糖果櫃台去看看。小乖肚子已經餓了，他也知道自己有五元錢可花。但是老師隨即提醒他：「記得爸爸說不要買零食哦？」所以小乖就轉到賣玩具的地方。

那裏擺著許多他想要的玩具，老師就在旁幫助他挑選了一個很好的玩具，然後準備回家。但是店主並不就此放棄，他叫自己的兒子去慫恿小乖再多花一些錢。

出路

店主的孩子來到小乖前面說：「喂，你看見那些足球嗎？為甚麼不買一個呢？你的父親這麼有錢，才不在乎呢！」整個夏天，小乖都一直企盼能有個足球；店主看得出小乖開始心動，就更加殷勤想說服他；這使得小乖有點心慌，但他很高興父親要老師陪他來。他走近店主用堅定的口氣說：「不！我父親說我必須將剩下的錢帶回給他。」店主趕快喃喃地抱歉，就不再向他推銷任何東西了，因他怕惹怒小乖的父親。

當小乖步出商店前，經過糖果櫃台時，他停下來看了一看。他肚子很餓，他明知若再多逗留，就會忍不住去買糖吃。他想要老師替他拿主意，但是老師已經站在門口拉開門等著他

出去。於是小乖立刻拿起油漆跑出門外。在回家的路上，經過一棵結實纍纍的蘋果樹，他很想順手偷一個來吃，但老師又告訴他，那是不該做的事。

一到家，小乖將油漆和剩下的錢如數交給父親。當父親聽到他的敘述後，頗以他為榮，並給了他一份獎賞。

許多基督徒對得救之後仍會受到試探覺得很意外。但是聖經告訴我們，連屬靈領袖也必須謹慎，免得跌倒（加6：1；林前10：12）。聰明人知道自己會遇到試探，所以會加倍小心。

當你成為基督徒時，撒但很憤怒，他會加倍努力要誘使你犯罪，使你在世人面前蒙羞，讓你的服事沒有果效。撒但又好比故事裏那位商店的老闆一樣，想欺騙人，並常以「光明的天使」的姿態出現在人前（林後11：14）。

試探能使基督徒茁壯、老練，正如練習能使運動員愈發進步一樣。

試探不會造成傷害，除非你陷入其中。事實上試探能促使你靈命更快成長，好應付未來更強烈的考驗。

二、撒但如何試探我們？

「但各人被試探，乃是被自己的私慾牽引誘惑的。」（雅1：14）

1. 利用慾望犯罪

撒但會利用你心中已有的慾念引誘你犯罪。因基督徒身上同時帶有老性情和新性情，所以撒但會利用你舊有的壞習慣和私慾，或你以前的朋友來引誘你犯罪。聖經警告說：「惡人若引誘你，你不可隨從。」（箴1：10）避免被舊日壞習慣或私慾誘惑最好的方法之一，就是「不要走壞人的道」（箴4：14）。遠離那些會牽引誘惑你的朋友或場所；記得「不要為肉體安排，去放縱私慾。」（羅13：14）

2. 利用正常的慾望

撒但也會利用你正常的慾望，使你陷入罪中。店主嘗試利用小乖想要取悅父親的念頭，來引誘他買三罐油漆，使他陷入不聽從父親的罪中。他也用肚子餓的正常慾望來試探他。

許多時候，試探中包含了正當的和不當的慾望，想順手偷個路旁的蘋果來充飢就是一例，肚子餓是正當的慾望，偷採蘋果則是不正當的慾望。正當的慾望可能被錯用，也可能被濫用。拿張紙寫下撒但可能用來試探你的一切正當及不當的慾望（作為你個人的提醒）。

三、我們應如何面對試探？

故事中的老師不斷提醒小乖他父親的囑咐。同樣地，聖靈也會用神的話提醒你天父的旨意。耶穌就是用神的話勝過試探的，參馬太福音4章4節：「經上記著說……」。神的話是「聖靈的寶劍」（弗6：17），這就是為甚麼要將神的話藏在心裏（詩119：11）的原因。如果你心中常有主的話語，聖靈就可以用這些話幫助你勝過試探。當遇到試探時，不要與撒但爭辯，只要引用神的話。

1. 抵擋撒但

如同小乖必須自己挺身而出告訴店主，他不能買足球，你也同樣要學習拒絕撒但。雅各書4章7節告訴我們：「故此你們要順服神；務要抵擋魔鬼，魔鬼就必離開你們逃跑了。」

2. 遠離這些事

有時勝過試探最聰明的做法，就是學小乖一樣地逃走。要尋找出可避開的方法（林前10：13；提前6：11）。

3. 特別訓練

通常老師會給學生特別的訓練，並且依照學生所學的出考題，好了解學生的程度。

同樣地，聖靈也會引導、訓練你，並讓你能勝過試探的考驗。

* 聖靈會向你保證四件事：(忍受試探的人，必得生命的冠冕) 雅1:12
  1. 你所遇見的試探，不會是特別與眾不同，或異於平常。
  2. 神是信實的，祂會履行祂的應許。
  3. 所遇見的試探不會是過於你所能忍受的。
  4. 若這試探是過於你所能承受時，神應許會爲你開一條出路（林前 10：13）。這段經文非常重要。祂應許你會勝過試探，所以向神支取這個應許吧！

四、正常的行走
要將讚美、榮耀和尊貴歸給基督

小乖沒有受誘惑而犯罪，他的父親是何等地高興！他使家族的名得著榮耀。彼得前書 1 章 6~7 節說：「你們的信心既被試驗，就比那被火試驗仍然能壞的金子更顯寶貴。」這種信心可使基督得著應得的讚美、榮耀和尊貴。

五、勝過試探的獎賞——冠冕

小乖因順服而得到父親的獎賞，你若勝過試探，也會得到天父的獎賞。

「忍受試探的人是有福的，因爲他經過試驗以後，必得生命的冠冕，這是主應許給那些愛他之人的。」（雅 1：12）這不是指得救而言，而是指得獎賞。救恩是神白白的恩賜（弗 2：8，9），而獎賞是你努力得來的。

一點提醒

撒但的手段：	神的信實：	勝過試探的人：
你的私慾	不會讓你受的試探，	會得獎賞
（雅1:14）	過於你所能忍受的	（雅1：12）
	祂會爲你開一條出路	
	（林前10：13）	

背經文的祕訣就是反覆溫習，直到你能將它們「藏在心裏」。要每天複習所背的經文。若能將新的與舊的經文一同聯想，更可幫助你背誦。要不斷地**複習、複習、再複習……**。

本週應背誦的經節：

雅1：12

雅4：7

習題

1. 幫助被過犯所勝的基督徒是件易事，因為一旦得
   救後，你就可免受試探（加6：1）。 ………… 是／**非**

2. 神的兒女可以放心地說，他們不會犯罪（約壹1：
   8，10）。 …………………………………… 是／**非**

3. 神偶爾會引誘人犯罪（雅1：13）。 ………… 是／**非**

4. 誰是你主要的仇敵（彼前5：8）？ <u>魔鬼</u>
   仇敵魔鬼如同吼叫的獅子，……尋找可吞吃的人

5. 我們的仇敵又稱為（連連看）

   (1) 太4：3　　　　(a) 這世界的神
   (2) 約8：44　　　 (b) 那試探人的
   (3) 林後4：4　　　(c) 撒但
   (4) 羅16：20　　　(d) 說謊的
   (5) 林後11：14　　(e) 光明的天使

6. 撒但用 <u>DEACONS</u>　^{綑綁}（提前3：7）並 <u>利用機會</u> ^{假裝}（林後2：11）使
   基督徒陷入罪中。　　　　　　　　　^{詭計}

7. 你們要 <u>順服</u> 神，務要 <u>抵擋</u> 魔鬼（雅4：7）。屬
   神的人要 <u>逃避</u> 試探（提前6：11）。

8. 耶穌引用聖經來勝過試探（太4：6）。 ……… **是**／非

9. 你該如何效法耶穌，裝備自己面對試探（詩119：11）？
   <u>我將你的話藏在心裡，免得我得罪你</u>

10. 按照箴言4章14節；以弗所書4章27節和羅馬書
    13章14節，你應當遠離那些撒但能用來誘使你犯
    罪的朋友或場所。 ………………………… **是**／非

11. 你不僅會被引誘去行惡，有時也被引誘不去行善
（雅4：17）。 ………………………………………… 是／非

12. 有時基督徒會陷在不能忍受的試探裏，以致不得
不犯罪（林前10：13）。………………………… 是／非

13. 因為基督也曾受過試探，所以在你受試探時，祂
能幫助你（來2：18；4：15）。 …………………… 是／非

14. 誰會使你勝過試探（彼後2：9；林前15：57）？ _____
主搭救敬虔的人脫離試探

15. 你勝過試探和試驗後，等到基督顯現的時候，便可將____
稱讚、 榮耀 和 尊貴 歸給祂（彼前1：6，7）。

16. 神會獎賞那些勝過試探的基督徒嗎（雅1：12）？ 會

17. 遇見試探和犯罪具有同樣的意義。 ……………… 是／非

18. 請為你自己列出那些撒但可能用來引誘你犯罪的慾望：
包括正當和不正當的慾望均在內。

正當的慾望	不正當的慾望
名利、地位	

若你已背誦了本週的經文，試默寫出來：

雅 1：12

_____

_____

雅 4：7

_____

_____

下週功課：

1. 繼續操練禱告。
2. 繼續進行「約翰福音讀經段落」的靈修及做筆記。
3. 閱讀「天倫之樂」一文及做習題。

天倫之樂

第六課　天倫之樂

一、在與基督徒相交中成長

作父母的會發現，從許多方面來說，養育幾個孩子要比養育「獨生子」容易很多。當然如果家裏孩子多，開銷必大，父母也需要花較多的時間與孩子相處，但是在教導、訓誨方面卻比較有利。

在孩子多的家庭裏，小孩有較多機會與別人分享，一起遊戲，並學習如何與他人相處。他們互相交換所知、所聞，其樂融融。和年紀相仿的小朋友一起發現新的知識，比聽大人說教來得有意思多了。年紀較大的孩子也樂意將自己知道的事物告訴弟妹。

父母有時也會很驚訝地發現，老大要花很長時間才學會的事情，老二很快就學會了。可能是老大教會老二，或是老二模仿老大的。孩子會從彼此的經驗中學習。有時小姊姊成了「小媽媽」，照顧小弟妹。小弟妹受傷時，她懂得憐愛；若真有需要，她也會告訴媽媽。不僅小弟妹從她得到幫助，她也從他們身上學到寶貴的經驗。

基督徒需要團契生活

獨自讀經、研經、背誦經文等在基督徒生命裏固然有它的重要性；但同時你也需聆聽別人講道，分享別人從神那裏領受的心得。

如池中的漣漪

你需要與其他基督徒相交，過團契生活，就如小孩需要與其他孩子相處一樣。你團契生活的圈子需要不斷地擴大、甚至擴大到世界各角落。

相交不只是友誼，且是一齊參與或分享某一共同的事或物。

耶穌在跟隨祂的人群中，只選了十二個門徒，而在十二個門徒中，他又選了三位核心人物——彼得，雅各和約翰——隨時與祂同在。能找到一位有同樣信仰，同樣興趣的伙伴是很重要的。你需要有人與你一同分享讀經的心得；面臨問題的時候，他也許可以用他的經驗或知識幫助你。你們可以成為代禱的伙伴。神對兩三個人同心合意的禱告，有特別的應許（太18：19）。

　　也許你還沒有遇到這樣一位基督徒，那麼就開始為這件事禱告吧！求神為你預備。通常能有一位和你年紀相仿、性別相同的基督徒作伴最為理想。有時神也會為你預備一位年紀或靈性較長的作為你靈裏的母親或父親。因為有時和年幼的孩子不易溝通，需要靠他的哥哥姊姊來解釋一番。你的禱告伙伴可能比任何人對你都更有幫助。盡可能安排固定時間，比方說，能一星期在一起禱告一次。

二、在家中的團契生活——家庭崇拜

　　基督徒第一圈的團契生活，應以自己的家為主。再沒有比在自己家庭裏建立與基督相交的團契生活，更能使靈命成長，並使家庭合一的了。有人稱它為家庭祭壇，或家庭崇拜。每個家庭都不同，所以會有不同的家庭崇拜方式。真正的家庭團契生活（各人都可參與）不需要太複雜，使幼兒難以了解。因你不可能叫小孩從一章冗長的經文中，得到很多益處，大多數的字他們都不認得；這就像你聽了一段用外國語讀出的經文一樣。其實幾節簡短的經文加上解釋反而更有意義。

　　家庭崇拜的方式，不論是讀一小段聖經，講一個宣教士的故事，念靈修輔讀或數算神的恩典等，都必須迎合家中每個人的需要。一般來說，它應該包括讚美、感謝（特別是為蒙應允的禱告感謝）、神話語的餵養，並全家一起禱告。你願意今天就開始家庭崇拜嗎？

實際的困難

並非所有的家人都認識神，若是父親尚未得救，這會變得特別困難。你可以和信主的家人一起崇拜，並為未信主的家人禱告。找出一段全家相聚的時間也不容易，可以利用早餐或晚餐的時間。定下時間並堅守下去，不要草率了事。家庭崇拜會讓你非常蒙福。

三、教會中的團契生活

基督徒團契生活的第二個圈子應是在自己所加入的教會內。

信主之後，你應當加入當地一個信仰純正的教會。教會能供給基督徒多方面的需要，教會裏的團契生活更是從別處得不到的。聖經論到教會時，認為它具有兩方面的意義：

1. 它是指在某地方的基督徒群體（徒8：1；13：1；腓4：15；門2）。
2. 是由普世基督徒所結合的基督身體（林前1：2；弗1：22，23；4：4，12，15，16）。

首先，要仔細思考地方教會和你的關係，你應當很認真的為你所要加入的教會禱告。教堂大門上的名字，並不一定能表達出教堂內的會眾都是那樣的人。

1. 不要期望找到一個完美的教會

沒有一個教會是完全的。牧師、長執、會眾都是人，他們和你我一樣，也會犯錯。教會雖有缺欠，但它卻是最趨近我們將來在天上那完美團契的一個團體。

2. 教會各有不同的特色

毫無疑問，有些教會比其他教會更像新約聖經時代的教會。而有些教會卻遠離真道，只是掛名的教會。

選擇教會時不要只是因為──
教會有漂亮的建築

牧師的人緣很好

你的朋友在那裏聚會

家人習慣去那裏聚會

3. 選擇教會的尺度

讓我們回到聖經去查考教會應是什麼樣子。神賜給教會有牧師、傳福音的和教師（弗4：11，12）。一個好牧師會樂意告訴你教會的信仰，以及他講道、教導的重點。

(1) 耶利米書 3 章 15 節說，好牧者會以知識和智慧牧養教會。彼得前書2章2節說，<u>你要靠神的話語成長，因「聖經都是神所默示的」</u>（提後 3：16）。<u>所以千萬不要加入不相信聖經是神話語的教會。</u>

(2) 要確知這教會相信耶穌基督是神。「基督照聖經所說，為我們的罪死了，而且埋葬了；又照聖經所說，第三天復活了。」（林前15：3，4）有些教會並不教導這真理（彼後2：1；約壹4：1，2）。

(3) 這間教會是否有週間禱告會？確實是在利用這段時間禱告嗎？他們是否在此時藉著禱告處理教會的問題？

(4) 教會是否教導耶穌基督再來的真理（約14：2，3）？因有些教會會譏誚主要再來的應許（彼後3：3，4）。

(5) 是否致力於領人歸主？是否有人得救？是否關心社區中失喪的靈魂？有沒有參與海外宣教的事工？有否支持本會差派的宣教士（太28：19，20；徒1：8）？

4. 你不可能找到一個十全十美的教會

如果一個教會確實相信聖經的真理，信靠福音的大能，那麼即使在事務或形式上有些缺欠，你也可以加入他們和他們一同事奉，一起在靈裏成長。

5. 教會對你的幫助

教會裏的活動，大致上可分四個主要部分——

- 教導和造就
- 敬拜
- 禱告
- 服事

每部分包含的範圍都很廣，我們只能討論幾個重點。

(1) 教導和造就

對象包括：

① 新會員（很多教會都忽略這一項）（提後2：2）

② 兒童（箴22：6；提後3：15）

③ 原有的會員（使他們更有能力服事神）（弗4：11~13）

(2) 崇拜

① 耶穌為教會留下兩個聖禮——洗禮和聖餐。

當你成為神家中的一員時，你要肯順服去受洗（太28：19；徒10：48）。藉著洗禮這外在的儀式，來表明我們內在新生的樣式。它代表與主同死，同埋葬且一同復活（羅6：4）。因此，只有已經接受耶穌的人才能受洗；對於未信主或不明白受洗含意的人，受洗是沒有什麼意義的。

其次，要守聖餐。「你們每逢吃這餅、喝這杯，是表明主的死，直等到他來。」（林前11：26）

② 奉獻應是崇拜的一部分

教會有開銷，你應負起一部分的責任。舊約規定猶太人必須將什一奉獻（收入的十分之一）歸給神，這是一個很好的開始。在箴言3章9，10節有更重要的屬靈原則，就是用初熟的果子尊榮神。不要等全部都拿到手了，才獻十分之一給神。神應許如果你將神的事工擺在首位，你的福杯會滿溢。所以不要等自己想要的東西都買齊了，若還有剩餘的才給神。拿張紙列出世界各地不同事工的財務需要，然後求神指引你如何獻上祂當得的分，只是要支持那些能榮耀神的事工。

(3) 同心禱告

神對幾個人肯在一起同心合意的禱告有特別的應許（太18：19）。儘可能地參加週間的禱告會，參與教會服事的會員通常都參加禱告會。禱告會有時被稱爲「得能力的時刻」，也是教會的「屬靈溫度計」。如果你不敢在人前開口禱告，可以默禱。求神教導你怎樣禱告（路11：1）。

(4) 參與服事

一般教會有許多活動，求神爲你預備一項合適你的服事職務，爲此先禱告，不必參與只是「湊熱鬧」的活動。

最重要的事工，是將福音「傳到地極」（徒1：8）。一切教會活動都應與此有關，並且要如經上所說：「凡我所吩咐你們的，都教訓他們遵守。」（太28：20）

學著向別人傳講基督。支持宣教士，因他們去了你到不了的地方傳福音。

「留心作正經事業（或作留心行善），這都是美事，並且與人有益。」（多3：8）行善往往可以成爲福音預工的一部分，這是極有價值的事。

但普世宣教的工作，若單單靠一個教會或幾個教會來做，擔子就實在太重了！如果各地方教會能彼此攜手合作，神國的工作就顯得更美了。

6. 同屬一個身體

教會也稱作基督的身體。祂是教會的頭，所有重生得救的基督徒則組合成祂的身體——教會（弗4：4；5：23）。基督曾禱告說：「使他們都合而爲一」（約17：21）。祂要基督徒在愛中合一、在目標上同心（約13：35；羅15：5~7；林前12：12~27；弗4：16）。

基督賜給教會的有教師和傳福音的（弗4：11，12）。這不單是賜給當地教會，也賜給基督的整個身體。神這些年來興起一些超宗派的機構，推展傳福音的工作。這些宣教差會、神

學院、聖經學院、福音電台、電視佈道、基督徒文字工作機構、聖經翻譯者等等，他們都值得你以代禱和奉獻去和他們同工。這些機構和當地教會一樣，也都是基督身體的一部分，而且與教會相輔相成。「眼不能對手說：『我用不著你！』頭也不能對腳說：『我用不著你！』……若一個肢體受苦，所有的肢體就一同受苦；若一個肢體得榮耀，所有的肢體就一同快樂。你們就是基督的身子，並且各自作肢體。」（林前 12：21，26，27）

你的關懷和團契生活不應就止於此，還須擴展到世界各個角落。有一天你會與那些剛接受福音的新生命，在永生裏與主同享福樂！

一點提醒

你若是圓心（路6：38），那麼你團契生活的圈次應如下：

第一圈——你的家庭；代禱伙伴。

第二圈——你的教會；教會中的小組（林前1：9；來10：25）。

第三圈——超宗派的基督教學校；宣教機構；電台或電視台；基督教文字機構。

第四圈——全球性的基督身體（太28：19，20）。

當你看到團契生活整體的畫面時，你每件服事就應爲主而作（西3：23）。

本週應背誦的經節：

來 10：24~25

林後 9：7

書24:15 - 至於我和我家，我們必定侍奉耶和華

習題

1. 亞伯拉罕和約書亞都忙著服事神，以致沒時間作
   家庭崇拜（創18：19；書24：15）。 ………… 是／**非**

2. 神將教導子女的職責交給父母（弗6：1~4）。… **是**／非
   你們作兒女的，要在主裏面聽從父母，這是理所當然的

3. 教會是：（連連看）
   (1) 林前12：12，13 ── (a) 基督的身體
   (2) 林前12：27 ── (b) 基督是教會的頭
   (3) 弗4：15 ── (c) 所有「重生的」基督徒都是身體
                        的一部分

4. 新約聖經也稱當地基督徒的聚會為教會（加1：
   2；門2）。 ……………………………… 是／非

5. 新約聖經裏從未告訴信徒應該聚會、敬拜、彼此
   勸勉（來10：25）。……………………… 是／**非**

6. 聽道可幫助你信心增強，靈命成長（羅10：17；
   彼前2：2）。……………………………… 是／非

7. 帖撒羅尼迦前書5章12，13節教導我們，教會的
   牧師和屬靈領袖必須格外的敬重你。 ………… 是／非

8. 什麼能幫助教會合一（西3：14）？_____

9. 馬太福音28章19，20節教導我們，教會的主要
   使命是去幫助那些比我們不幸的人，提高他們的
   生活水準。 ……………………………… 是／非

10. 使徒行傳 2 章 40~42 節和 13 章 1~3 節記載，初期
    教會的信徒講道、施洗、教導使徒的教義、彼此
    交接、擘餅、禱告，並差派宣教士。 ⋯⋯⋯⋯⋯ 是／非

11. 哥林多後書 9 章 7 節教導奉獻的原則是——
    ☑ 隨心裏所酌定的，不要作難，不要勉強，要樂意的。
    □ 實行什一奉獻。
    □ 照著教會的要求奉獻。

12. 若多種就必多收（林後 9：6）。 ⋯⋯⋯⋯⋯⋯ ⃝是／非

13. 保羅建議哥林多的信徒，有系統及有規律地在每
    週第一日，把自己的帳單付清後，從餘款中抽出
    錢來奉獻（林前 16：2）。 ⋯⋯⋯⋯⋯⋯⋯ 是／⃝非

14. 我們應將財寶積在何處（太 6：20，21）？ 在天上

15. 神已賜給你的是什麼（約 3：16）？ 獨生子

16. 神還要賜給你什麼（羅 8：32；腓 4：19）？ 世上萬物

17. 以弗所書 2 章 8~10 節教導我們，救恩是神所賜的，但我們原
    是祂的工作，爲要 叫我們行善

18. 行善不見得對基督徒有益（多 3：8）。 ⋯⋯⋯ 是／⃝非

19. 歌羅西書 3 章 23 節教導我們，無論做什麼事，都要從心裏
    做，像是_____。馬太福音 5 章 16 節說要將榮耀歸給
    天上的父 。

20. 什麼可以預備基督徒行各樣的善事（提後 3：16，17）？
    教訓、督責、使人歸正、教導人學
    義（都是有益的）

若你已背誦了本週的經文，試默寫出來：

來 10 ： 24~25

_____

_____

林後 9 ： 7

_____

_____

下週功課：

1. 繼續操練禱告。
2. 繼續進行「約翰福音讀經段落」的靈修及做筆記。
3. 閱讀「莘莘學子」一文及做習題。

莘莘學子

第七課　莘莘學子

靈裏的爭戰

「故此，我所願意的善，我反不作；我所不願意的惡，我倒去作。」（羅 7：19）

「因為，立志為善由得我，只是行出來由不得我。」（羅 7：18）

很多剛信主的基督徒，都很驚訝地發現，當他們要過得勝生活時，會遇到很多困難。他們有好的意圖，也很努力地嘗試；但為甚麼卻做不到呢？

豬喜歡吃污穢的殘羹，也喜歡在泥濘中打滾，這是牠的本性。因牠是豬，自然就會做這些事。綿羊喜歡在青草地覓食，喝清澈的水，這是綿羊的本性。

如果我們能將綿羊的本性轉換到豬身上，便可預期這頭豬的動作會變得一如綿羊，也會在青草地覓食。牠也許看來仍是一頭豬，但所行的卻不像豬，也不再喜歡其他的豬所喜好的事。

這例子正說明了在你身上所發生的事：你遇見了主耶穌，並接受祂為你個人的救主。過去你是罪人，如今你有了祂所賜的新生命和祂的性情。很快你會發現，你有了新的喜好，想做一些以前不喜歡做的事，這都是應有的現象（彼後 1：4）。

現在假設你發現這頭豬雖有了綿羊的性情，但牠同時仍有豬的本性。這時牠很可能大部分時間仍會到泥濘中去打滾，吃剩雜污穢的食物，因為那是牠的習性。不過在牠內心深處卻會有爭戰。因綿羊的天性深忌污穢，會疾呼求得解脫，使這頭豬再也無法繼續安享在泥濘中的生活。

剛信主的基督徒就是如此。那老我罪惡的本性稱為「肉身」。「從肉身生的，就是肉身；從靈生的，就是靈。」（約 3：6）加拉太書 5 章 19 至 23 節也分別列出肉身所結的果子和

聖靈所結的果子的不同：「情慾的事都是顯而易見的，就如姦淫、污穢、邪蕩、拜偶像、邪術、仇恨、爭競、忌恨、惱怒、結黨、紛爭、異端、嫉妒、醉酒、荒宴等類。我從前告訴你們，現在又告訴你們，行這樣事的人必不能承受神的國。聖靈所結的果子，就是仁愛、喜樂、和平、忍耐、恩慈、良善、信實、溫柔、節制；這樣的事，沒有律法禁止。」

食物

這頭豬需要食物，如果牠在草場吃草，我們可以預期，牠的舉動會像隻綿羊，如果牠吃穢物，那麼我們便可預期牠的舉止會像隻豬。

如何帶牠到青草地？

假使有人願去牧養、照顧這頭豬，肯定對牠會有幫助；但豬是很難教導的動物，牠既任性又捉摸不定。然而，如果你能放一個準則在豬的心裏，那就大不相同了！

在約翰福音14章16～17節，耶穌就給了我們一個這樣的應許——聖靈要住在每位基督徒的心裏。聖靈會永遠與你同在，住在你裏面（羅8：9；林前6：19）。

惟有藉著聖靈的力量，你才有能力過基督徒的生活。若靠著自己的力量，就甚麼都不能做（羅7：18）。加拉太書5章16節應是每位基督徒內心生活的準則：「你們當順著聖靈而行（藉著祂的能力，順服祂的指引），就不放縱肉體的情慾了。」

舊的習性是根深蒂固的，只要你還活在肉身之中，這場爭戰就會持續不斷發生。若你願意依靠祂的大能大力去爭戰，基督就應許你可以得勝（腓4：13；林前15：57）。

要靈命成長需要吃食物，所以要讓聖靈引導你到神話語的青草地上去。進食神的話語應成為一種習慣，而非偶爾試之。「耶和華萬軍之神啊！我得著你的言語，就當食物吃了。你的言語是我心中的歡喜快樂，因我是稱為你名下的人。」（耶15：16）

當父母看到孩子開始自己進食時，總是很高興，孩子也許弄得亂七八糟，還吃不到一樣食物，但這是一個成長的訊號。如果一個人一輩子都要別人餵他，這是何等地可悲！但有許多基督徒卻一直是如此，因此他們的成長不正常（來 5：11~14）。

　　進食時總會使用幾件不同的餐具；雖然每一件餐具都有它特殊的用途，但目標卻是一樣，就是將食物送進你體內。你吃東西不單是喜歡食物的味道，也因你知道身體的確需要食物供應能量，讓你成長。所以你可以用不同的方法來吃神話語的靈糧，使靈命成長。

　　以下是吃靈糧的幾種方法：

一、聆聽

　　「信道是從聽道來的，聽道是從基督的話來的。」（羅10：17）

　　你現在已是基督身體的一部分（林前12：13）。祂賜給祂的身體（就是教會）有傳道人、牧師和教師，爲要建造教會，並裝備聖徒去事奉祂（弗4：11~16）。神的心意是要你與其他信徒相交。在你的心靈裏有一個空隙，只有藉著與神的子民過團契生活才能填滿（來10：25）。

　　你可以採用以下的方式聽到神話語的教導：

　　1. 參加一個相信聖經的教會，不單是主日崇拜，也要參與週間的聚會。

　　2. 收聽福音電台或收看福音電視節目。

　　3. 參加各種退修會或福音營等聚會。

　　4. 從神忠心的僕人身上，學習他們多年來事奉及研讀的精華。

　　學著寫筆記，將所聽到寶貴的信息記錄下來，以便日後自習及與他人分享。

　　從書本上，你可以向歷世歷代屬靈偉人親自討教學習。

二、閱讀

「要以宣讀……為念。」（提前 4：13）

你要有一套讀經計畫，幫助你從創世記讀到啟示錄。念完新約之後，再從創世記開始順著聖經的次序讀完新舊約，這樣可以：

1. 幫助你明白神完整的計畫。
2. 讓你有機會複習遺忘的經文。
3. 發現新的研經主題。
4. 將所得到的信息融會貫通。不論從牧師主日講章所用的經文，你所背誦的經文，或你查經課程所用的經文，都可以幫助你看見神的計畫之梗概。

可以試著每年讀聖經一遍。你若每天讀三章，星期天讀五章就可以做到了。朝著這個目標去讀，神的賜福自然來臨。然而不要為了趕進度而讀。

有些父母訓練小孩時會用圖表，記錄他們早晚刷牙的情形，來養成孩童刷牙的習慣。但父母並不期望孩子一生都用此表，他們不過是利用一個看得見的表格，來幫助孩子建立起良好的刷牙習慣。

每天讀完聖經之後，記得在進度表上做記號，這樣可以幫助你養成天天讀神話語的好習慣。**閱讀之後，還要花一些時間默想神的話語，也要讓神對你說話。**

新約聖經閱讀記錄

每天閱讀完畢後，畫去讀過的章數，例如第一天讀了三章約翰福音，第二天讀五章，第三天讀三章，等等。

例：

約翰福音	1 2 3 4 5 6 7 8 9 10 11 12 13 14

約翰福音	1 2 3 4 5 6 7 8 9 10 11 12 13 14 15 16 17 18 19 20 21
彼得前書	1 2 3 4 5

彼得後書	1 2 3
加拉太書	1 2 3 4 5 6
以弗所書	1 2 3 4 5 6
馬可福音	1 2 3 4 5 6 7 8 9 10 11 12 13 14 15 16
哥林多前書	1 2 3 4 5 6 7 8 9 10 11 12 13 14 15 16
哥林多後書	1 2 3 4 5 6 7 8 9 10 11 12 13
約翰壹書	1 2 3 4 5
約翰貳書	1
約翰參書	1
猶大書	1
路加福音	1 2 3 4 5 6 7 8 9 10 11 12 13 14 15 16 17 18 19 20 21 22 23 24
使徒行傳	1 2 3 4 5 6 7 8 9 10 11 12 13 14 15 16 17 18 19 20 21 22 23 24 25 26 27 28
帖撒羅尼迦前書	1 2 3 4 5
帖撒羅尼迦後書	1 2 3
提摩太前書	1 2 3 4 5 6
提摩太後書	1 2 3 4
提多書	1 2 3
腓利門書	1
腓立比書	1 2 3 4
歌羅西書	1 2 3 4
羅馬書	1 2 3 4 5 6 7 8 9 10 11 12 13 14 15 16
希伯來書	1 2 3 4 5 6 7 8 9 10 11 12 13
雅各書	1 2 3 4 5
馬太福音	1 2 3 4 5 6 7 8 9 10 11 12 13 14 15 16 17 18 19 20 21 22 23 24 25 26 27 28
啟示錄	1 2 3 4 5 6 7 8 9 10 11 12 13 14 15 16 17 18 19 20 21 22

開始閱讀新約的日期_____。

讀完全部新約的日期＿＿＿＿＿＿＿。

如果你每天讀三章，八十七天就可以將新約聖經讀完一遍。新約可用不同的方法來讀，可照著聖經的次序讀，也可採用本書所建議的順序。即使你只讀了一章，也別忘了將它畫去。

三、研經

「你當竭力在神面前得蒙喜悅，作無愧的工人，按著正意分解真理的道。」（提後 2：15；徒 17：11）

很多家庭星期天的晚餐特別豐富。同樣地，一星期至少有一天，你更加慎重其事地來研讀神的話，這與平常的讀經不同。

為了防止讀經進度陷入膠著狀態，事先應預備一本筆記簿，其中一頁標上「日後研經題目」。當讀經時遇到有興趣的題目時，便可將它記錄下來；仍然先按著進度讀完一卷書，之後再抽空研讀你對那卷書中特別感興趣的題目。

讀經要有系統，並要保存你學習的成果，將所學的聖經知識變成是「可傳遞的」，並將神的話應用在你個人的生活上。

研經的方式

1. 問答法（正如本書所用的方式）。
2. 專題研經（禱告、試探、愛、撒但等題目）。
3. 聖經人物。
4. 按卷、章、經文或字句來研經。
5. 綜覽。

在本課的結尾有幾項研經的建議。重要的是先打好根基，滿足目前的需要，並建立起良好讀經的習慣。

每週你可以利用一個晚上的時間仔細研經，或每週有幾天抽部分時間研經。嘗試每週至少有一次仔細研讀神的話。

餐刀用來把食物切成塊，基督徒也當學習按著正意分解（切）真理的道（提後2：15）。

　　＊一點提醒：你是否已經查看過本課中所提的所有參考經文了？

四、背經

「我將你的話藏在心裏，免得我得罪你。」（詩119：11）

吃飯時，你會用筷子夾起要吃的食物。當你用神的話語餵養自己時，你也會找到想要吃下的許多應許、誡命、智慧的言語，或精彩的經文。你應將神的話藏在心裏，這些經文就永遠隨著你，它們會成為日後聖靈隨時可用的工具（約14：26）。

背經的好處很多：

1. 來迎戰撒但的攻擊（你應該已經學到四節特別與這有關的經文）。
2. 去領人信主（彼前1：23）。
3. 幫助你靈命的成長（徒20：32；彼前2：2，3）。
4. 更新你的生命（羅12：2；林後3：18；來4：12）。
5. 設立生活的準繩（詩19：7，8）。
6. 使禱告更有果效（約15：7；西1：9~11）。
7. 引導你（詩119：105）。

要照著聖經上的話去做：把神的話藏在「心」裏，而不只是藏在「腦」裏。

花些時間把經文的章節連同經文一起背下來，這樣當你和別人談話時，就可以很快地想起要用的經文。

在筆記簿的另一頁，標上「想要背誦的經文」。在讀經或研經時，將特別想背下來的經文記在筆記簿上。但應先了解本課程所選用之經文的用處，先背誦這些。因這些經文是為了替你建立好的根基，並滿足你目前的需要，然後再找時間背誦自己想要背的經文。

複習是背誦經文的祕訣。試著使用背經卡，便於有系統地反覆溫習。你會很快地發現，溫習比背誦新的經文需時更多。

所以你應利用一些零碎的時間，例如：等公車，等人，洗碗盤，燙衣服，上班往返等時間抽空溫習。

如果你每星期背三節新的經文，十年後，你就有一千五百六十節經文藏在心中，聖靈可以在你及別人的生命中隨時使用這些經文。

五、消化吸收

「這些事你要殷勤去作，並要在此專心，使眾人看出你的長進來。」（提前4：15）

除非你能消化吸收，否則再多的食物也不能幫助你成長，反而會使你不舒服或生病。

不論你聆聽、閱讀、研讀或背誦多少經文，如果你無法在靈裏將它消化並應用在生活上，它們對你就毫無幫助（開始時，你不會每件事都做得正確。撒但也會設法使你不想讀聖經）。

希伯來書5章11至14節說到，有一種人在靈裏長不大，他們一直是嬰孩，需要別人教導。那些長大可以吃乾糧的人，他們「心竅習練得通達」，就能明白神話語中更深的真理。

在這課程中，當你在逐漸學習明白神的旨意時，我鼓勵你一步步逐漸將所學的，實際應用在你的生活上；如此你才能與基督更密契同行，並真正享受到祂所賜豐盛的生命。

一些實用的建議

聖經上做記號。任何能使你更熟悉聖經的方法都值得去做；例如在寶貴的經文下畫線，在所背誦的經節上畫個圈，在空白的地方寫下相關的經節、心得或註解。但要細心記錄並求整潔。

使用經文彙編。經文彙編是列出所有聖經用字，以及它們出現在哪些經卷章節的一本書。當你只記得經文的一部分，或某一字句時，它可以很快地幫你找到這段經文。這本書對你使用主題式查經時，也會非常有幫助。

一點提醒

學習進食時不可少的步驟：

聽道——羅馬書 10：17。從神的話語得餵養最容易的方法，就是聆聽講道或教導。

閱讀——提摩太前書 4：13。從神的話語中得餵養最簡便的方法，就是自己讀聖經。

研經——提摩太後書 2：15。當你開始閱讀神的話語後，若只是瀏覽經文，你會發現有些經文不易明瞭內中的含意，這時應停下來，重複閱讀並與其他經文比較，所以你需要常常仔細研讀經文。

背經——詩篇119：11。當你仔細研經時，有時會讀到一些你想背誦的經節。你該將這些經文背下來牢記在心，聖靈日後也會使用它們來鼓勵、指引你。當你從別人講道和教導中聽見神的話語，及你自己閱讀、研讀及背誦經文後，你該思考所學並將它們實際應用在生活上，好讓神的話確實改變你，使你漸有基督的形狀（林後3：18）。

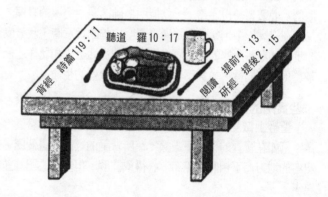

本週應背誦的經節：

詩 1：2~3

詩 119：11

習題

1. 約伯記 23 章 12 節告訴我們，神的話語比飲食更
   重要。……………………………………………… (是)／非

2. 提摩太後書 3 章 16 節告訴我們，聖經都是神所默 (神吐气给你)
   示的，查考它使人受益。……………………… (是)／非

3. 誰能幫助我們了解屬靈的事（林前 2：9~12）？ 聖靈)
   ＿＿＿（雖然你不可能完全明白聖經，但我們可抓住神在申
   命記 29 章 29 節的應許，因神是這本書的作者。）

4. 根據詩篇 119 篇 18 節所言，我們在開始讀經時，應當求神
   開我的眼，使我看出你律法中的奇妙

5. 聖經終有一天要被廢去（賽 40：8）。………… 是／(非)

6. 神仍允許人在聖經裏加添新內容（啟 22：18）。 是／(非)

7. 你未信主的朋友能明瞭且領會屬靈的事（林前 2：
   14）。…………………………………………… 是／(非)

8. 神的話能夠：（連連看）
   (1) 徒 20：32　　　(a) 幫助你知道如何禱告
   (2) 約 15：7　　　 (b) 指引你
   (3) 詩 119：105　　(c)「建立你們，叫你們……得基業」

提前 2：15
當竭力的在神面前得
蒙喜悅，作無愧的工人
按着正意分解真理的道
(免得我得罪你)

9. 提摩太後書 2 章 15 節要你去祈禱。………… 是／(非)

10. 詩篇 119 篇 11 節教導我們當將神的話藏在心裏，
    所以別人才知道我們是基督徒。…………… 是／(非)

11. 馬可福音 7 章 21~23 節教導我們，邪惡的念頭是出
    自我們內心。……………………………… (是)／非

12. 我們應該學習查考聖經，因為以弗所書 4 章 14 節
    告訴我們，會有假師傅來欺騙我們。………… (是)／非

　　　　　　　　　莘莘學子　73

羅·10:17

可見信道是從聽道
來的, 聽道是從基督
的話來.

13. 五種能使我們從神的話語得餵養的方法：（連連看）、
    (1) 聆聽   (a) 提後2：15
    (2) 閱讀   (b) 羅10：17
    (3) 研經   (c) 詩119：11
    (4) 背經   (d) 提前4：13
    (5) 消化吸收   (e) 提前4：15

14. 最重要的是我們要將神的話應用在 ___日常生活___

15. 靠著自己，你不能爲神做任何事（約15：5）。… ___是___／非

16. 你應靠著誰的力量度日（腓4：13）？ ___靠著耶穌給我力量___

17. 安得烈遇見耶穌之後去找誰（約1：41）？ ___彼得___
    (simon)

18. 要能爲神所使用，你必須（連連看）
    (1) 林前1：26~29   (a) 不要思念地上的事
    (2) 林後12：9   (b) 不一定要有智慧、能力或尊貴
    (3) 腓2：3~4   (c) 謙卑行事
    (4) 西3：1~2   (d) 靠著基督的能力行事

若你已背誦了本週的經文，試默寫出來：
詩1：2~3

_____

_____

詩119：11

_____

_____

下週功課：

1. 繼續操練禱告。
2. 繼續進行「約翰福音讀經段落」的靈修及做筆記。
3. 學習做聽道筆記。
4. 閱讀「長大成熟（一）——屬靈的人」一文及做習題。

長大成熟（一）
屬靈的人

第八課　長大成熟（一）
——屬靈的人

三種類型的人

　　從前一大戶人家有兩位少爺。父親非常愛他們，一心要將最好的給他們。所以他請了一位特別教師來訓練、教導和照顧他們。這位父親要兒子受訓練，期望他們將來能擔當起特殊的職務。

　　他們附近住了一位小孩，常常過來和他們玩耍。但是這位老師從不教導他，因為這不是他的責任。再說，這鄰居的孩子也不想學，他認為教師所教的都是很無聊的東西。只要這兩個兒子與鄰居小孩玩的時間愈少，他們就能學得愈多。

　　在這家庭中，兩個孩子學習的態度也很不同。其中一個孩子叫「皮皮」，他一直不喜歡這位老師。他總是順著自己的意思行事，對老師教導的課程並不感興趣。他常常和人打架，惹麻煩；他羨慕其他的孩子們，喜歡參加「幫會」，似乎與鄰居那個小孩玩時，比與自己家人在一起更快樂。

　　老師所能做的，只是讓他不惹是生非。而他也只有在遇到困難，需要幫助時，才肯聽話；他從不替人著想，凡事只顧自己，而且只要一脫離困境，馬上就會故態復萌。

　　另一個孩子叫「小乖」，他非常愛他的父親，一心想要討他喜悅。他了解父親為他預備了一份非常重要的職務，也常常記念父親對他的種種恩惠。他相信父親一心是為他好，所以決定遵行老師的一切教導，並盡力合作，學習父親要他學的知識和技能。他心裏明白，如此做可使自己盡早開始幫助父親，並承擔起父親為他所預備的職位和責任。

　　小乖並不是一個十全十美的孩子，有時也會受到懲誡和糾正，但是他總是抱著積極的態度，願意力爭上游。

神眼中三種類型的人

請讀哥林多前書2章9節至3章4節。

第一種類型的人是**天然人**，好比前文中鄰居的小孩，他也是哥林多前書2章14節所說的那些尚未得救的人。他將屬靈的事當作愚拙，聖靈也不教導他有關神為愛祂的人所預備各種奇妙事情的道理（林前2：9）。

第二類型及第三類型的人是由基督徒組成的，前者是指**屬肉體的基督徒**，他們好似那個叛逆、倔強的兒子。也就是哥林多前書3章1至4節所提那些靠自己力量過基督徒生活的人。

哥林多前書3章1節稱他為：在基督裏的「嬰孩」，缺乏正常的成長。第2節說他不能領會太深的教導；第3節說他們行事像世上的人（靠自己的力量）；第3節下及第4節則說到在他們中間有嫉妒、紛爭，是一群搗亂的人。

第三種類型的人也是基督徒。哥林多前書第2章15節稱他們為**屬靈人**，他們好比前文故事中那個順服的兒子，願意順著父親的心意行事。他能領會神白白賜給他的恩典，也聽從聖靈的帶領。人從他的生命裏，可以看見聖靈所結的果子（加5：22，23）。

基督徒的道路有聖靈為伴同行

基督徒的生活可以用父親差孩子外出為比喻。沒有一位父親會讓年幼的孩子單獨出門，我們的天父也是如此。耶穌在升天之前曾對門徒說：「我要求父，父就另外賜給你們一位保惠師，叫他永遠與你們同在。」（約14：16）

「另一位保惠師」在希臘文裏具有豐富的含義，「另一位」亦可譯作「另一位像我（耶穌）的，與我有同樣的性情和屬性」。保惠師的希臘文是安慰者，意思是「身旁的幫助者」，所以耶穌這句話可直譯作：「天父會差遣另一位像我的來，祂會在你身旁，永遠幫助你。」接著耶穌又應許說，聖靈不但會與我們同在，而且祂要住我們裏面。在屬靈的基督徒身上，聖靈扮演非常重要的角色。但是祂雖然住在所有基督徒裏面，這並不表示每位基督徒都是被聖靈充滿的（羅8：9）。

神的心意

「乃要被聖靈充滿」（弗 5：18）。

根據希臘文動詞的形式，這句經文可譯作「要持續不斷地受聖靈管理」。可惜很多基督徒並不肯利用這權利，也不遵守這命令。他們試著按自己的力量和智慧行事。其實真正快樂的基督徒生活是被聖靈充滿、受聖靈管理的生活。

如何被聖靈充滿？

「節期的末日，就是最大之日，耶穌站著高聲說：『人若渴了，可以到我這裏來喝。信我的人，就如經上所說，從他腹中要流出活水的江河來。』耶穌這話是指著信他之人要受聖靈說的。」（約 7：37～39）

1. 要渴慕——

聖靈的帶領和教導（約16：13，14）。
聖靈的能力在我們生活中彰顯（提後1：7）。
聖靈使我們具有基督的形狀（林後3：18）。
聖靈能在我們生活中結出聖靈的果子來（加5：22，23）。
體驗出基督住在我們心裏（弗3：17~19）。
有勝過試探的經歷（林前15：57）。

2.「到我這裏來喝」

基督徒藉「來喝」這個動作，使耶穌的應許成全在他身上。我們必須體會出靠自己是無法活出一個討神喜悅的生活。

在哥林多後書8章5節中，有些基督徒「把自己獻給主」。
羅馬書6章13節吩咐我們要「將自己獻給神」。
羅馬書12章1節教導我們，要「將身體獻上」。

將自己獻神是一個肯定及不再改變的舉動（希臘文是過去式），它永不需要再重複。將你自己獻給神也就等於承認「你們不是自己的人」（林前6：19，20），而是讓神得祂所當

得的。

　　但奉獻自己不過是初步，你還必須持守當初將自己獻給主的心態，否則就是叛逆並會招致神的管教。

　　所謂奉獻自己不是指將自己身上最難管制的部分交給神，卻將自己喜歡的部分留下來。這樣做就好像當時鐘不走時，你只把指針拿去修，一樣的不合理。

3.「信我」

　　口渴的人，應該來喝，並且相信祂是那位用祂的靈去充滿人的神。正如你相信耶穌為你個人的救主，現在你也要相信祂所說的祂必會成就，並要用聖靈充滿你，管理你。基督徒的福分完全是憑信心求得的（雅1：6）。

　　你曾經將自己獻給主嗎？祂要你全人全心的擺上，好使用你彰顯基督。你現在願意這樣做嗎？＿＿＿＿＿＿＿＿＿＿

日期：＿＿＿＿＿＿。

一些問題：

如果我不將自己獻給神，會有甚麼後果？

　　那麼你在靈裏仍是個「嬰孩」，一個屬肉體的基督徒（如林前3：1~4所描述的），只能「吃奶」。你又會像在撒種的比喻中，那撒在荊棘裏的種子（可4：19）：「……有世上的思慮、錢財的迷惑，和別樣的私慾進來，把道擠住了，就不能結實。」你選擇作一個屬肉體的基督徒？還是一個屬靈的基督徒呢？

神會強迫我將自己獻上，讓祂管理，並勉強我被聖靈充滿嗎？

　　不，這完全是出於自願的。你曾自己決定要接受耶穌為你的救主，並決定要得到永生。現在你也須作決定，是否願意將自己獻上，被聖靈充滿，享受基督所應許那豐盛的生命。

只要一次被聖靈充滿就夠了嗎？

被聖靈充滿（管理）是聖靈時時刻刻在做的工作，但這工作總要有一個開始。這也就是為甚麼聖經教導你必須「將身體獻上」給神的原因。當你順服聖靈的帶領時，就能繼續不斷地被聖靈充滿。我們若違背神，必須肯向神認罪悔改，與神的關係才能恢復。

為甚麼我們需要依靠聖靈？

　　因為惟有藉著聖靈做工，屬靈的生命才能成長。神對每個人的生命都有祂的計畫和旨意。但只有透過聖靈的引領和教導，你才能明白、順從並完成神的計畫。

　　如果一位父親知道他的新生嬰兒永遠不會長大；永遠學不會走路，必須被人抱來抱去；永不能自己進食，必須靠別人餵養；永不能工作或協助他的父親；永不會了解父親的話語或與父親交談；這父親會多麼心痛呢？

　　這正是不願將自己獻給神的基督徒最好的寫照。他不願與神同行，也不去學習明白神的話，他不向神禱告，也不願成為神的同工。更可悲的是，這完全是他自己的選擇，因他不願將自己獻給神。

我怎麼知道神不會因我獻上自己，而叫我做些艱難的事情，例如到遙遠的地方當傳教士？

　　如果神要你如此做，那將是你所能做最美好的一件事。神從來不會要你為祂做任何事，而不賜給你足夠的能力和智慧去完成它。

我怎麼知道自己有否被聖靈充滿？這是不是一種很感性的經歷？

　　有可能是，特別在你第一次完全獻身給基督時會如此。每個人在人生重要的場合，例如訂婚、結婚、畢業典禮、得救之時都會經歷感性的衝激，但每個人的感覺不同。所以不要追求或模仿別人被聖靈充滿的經歷。真正被聖靈充滿的標記，是藉

你生活中所結聖靈的果子彰顯出來的，如仁愛、喜樂、和平、忍耐、恩慈、良善、信實、溫柔、節制（加5：22，23）。

我必須很清楚地知道是在何時刻將自己獻給主的嗎？

不一定，很多人大概都無法確實知道是那個時刻。但重要的是，你必須確知你已經獻身給主。如此你才能對付從撒但來的困惑和懷疑。

我該等到得救了一段時期之後，才將自己獻給神嗎？

有很多基督徒是在得救的同時，也將自己獻給神。但關鍵並不在於時間的早晚，而在乎你有否將自己獻上，讓聖靈充滿你。要肯定自己是個奉獻的人，不要自欺，以免失去耶穌所應許那滿有喜樂、「豐盛的生命」。

被聖靈充滿的生活

我們可以先來看看這位順服的兒子。當他和老師外出時，他大概不會乖乖地緊跟著老師走；雖然他不是故意的，但他有可能被路旁的景物吸引，或不耐煩地跑到前頭去。但這位有智慧的老師卻有耐心，會一樣一樣教導他，他知道甚麼時候該教些甚麼。每個孩子的個性不同，所以必須因材施教，訓練他去承受他日後的職位。

不是每個人都該做木匠，農夫或醫生。不同的職業需要不同的訓練，有些職業需要嚴謹和較多的訓練。

假設這位父親希望教師教導他的孩子，在日後可以擔任家族企業中某一職位，父親給這位教師一些書和簡介，說明有關家族企業的資產、組織、政策、營運方針和目標。當老師向孩子提出一項新的規條或設立新的課程時，孩子必須立即接納和順從，否則教學進度會停頓。師生間也會處得不愉快，這個兒子可能甚至會認為父親不通情理或行徑古板。但惟有根據父親的手冊，和孩子對老師的順服，孩子才會走對方向。

當你與聖靈同行時也是一樣，**禱告**和**讀經**好比兩條腿，能

使你走路時平衡；祂會帶領你走一條名叫「神的旨意」之路。聖靈會藉著神的話指出一些事，有些可能是你不想做的，你會遲疑不前；有些可能是你想跳過去的，所以你跑在祂前頭。每個人的情況不同。撒但不會忘記你，他會試探你，試著將你從與神同行的路上引開。

順服是與神相交的關鍵

當聖靈藉著神的話向你啟示神要你做的事時，你必須聽從。不然的話，你的靈命會停止成長，與神的交通也會中斷。耶穌說：「你們若遵守我的命令，就常在我的愛裏。」（約15：10）；又說：「你們既知道這事，若是去行就有福了。」（約13：17）所以順服是與神相交的關鍵，也是得福之門。

這裏所說的順服是指發自內心或甘心情願地順服。也是以弗所書6章6節的意思：「從心裏遵行神的旨意。」這也是耶穌的榜樣：「然而不要照我的意思，只要照你的意思。」遵行神旨意的能力和力量是從神而來。然而不要走偏了，變成去行律法主義——以為是靠自己的善行去得到或成全救恩。「你們既靠聖靈入門，如今還靠肉身（你自己的能力）成全麼？你們是這樣的無知麼？」（加3：3）

你若拒絕聖靈，不順服祂的帶領又會如何？

那你就破壞了繼續被聖靈充滿的兩個先決條件之一。帖撒羅尼迦前書5章19節說：「不要消滅聖靈的感動。」（消滅的意思是阻擾或使其無用。查看這字在以弗所書6章16節和希伯來書11章34節的用法。）當你拒絕聖靈，不順服祂的帶領，你就是消滅了聖靈的工作（或使祂不起作用）；你也中斷了與神的相交，在你和神中間放了一個障礙物。

「不要叫神的聖靈擔憂」（弗4：30）

撒但不停地引誘基督徒犯罪。當你對撒但和罪惡認同時，

你便叫聖靈擔憂。下面兩種情形可以破壞你和神的關係，使你不再受聖靈管理：

1. 拒絕聖靈，不順從祂的帶領（帖前5：19）。
2. 隨從撒但的試探和罪的誘惑（弗4：30）。

你若照著約翰壹書1章9節的話去行，你必可以恢復與神相交。彼此相交是家人之間的正常關係，當你得救時你已經成為神的兒子，是神家中的人（約1：12，13；加4：5）。當你犯罪時你成為神家中一個叛逆的兒子。

如何以神的方法「順著聖靈而行」？

「我說你們當順著聖靈而行，就不放縱肉體的情慾了。」（加5：16）

順著聖靈而行的生活並不是一種靜止狀態的生活，也不像水母一樣在水中隨波漂流，更非「管它去的！隨神的意思好了」那種消極心態，而是與神並肩前行。在屬靈生命成長的過程中，基督徒必須運用他的自由意志，在對與錯之間作抉擇，拒絕試探並持續更新靈裏的生命，使自己更像基督。但是我們無法靠自己的能力完成神的這個呼召。這就好比一位工程師要去推一列火車一樣，他的動機是好的，但他的力量不夠。然而他若進入火車頭，開動引擎，火車便會沿著軌道前進。

彼得後書1章5~7節說到：「正因這緣故，你們要分外的殷勤；有了信心，又要加上德行；有了德行，又要加上知識；有了知識，又要加上節制；有了節制，又要加上忍耐；有了忍耐，又要加上虔敬；有了虔敬，又要加上愛弟兄的心；有了愛弟兄的心，又要加上愛眾人的心……。」在腓立比書4章8節也有類似的信息。

想靠自己的力量這樣去行，就好比盡己力去推火車。但是當你聽從聖靈的引導去行時，祂立刻將奇妙的能力加添給你，就好比發動火車引擎，火車就能前行一樣。

請記得！神不論要你作甚麼事，祂都會賜你足夠的力量去完成。

被聖靈充滿的生命是一種持續成長的生命。屬靈生命若不成長就表示你在生病。惟一能克制肉體情慾（老我）的途徑，就是凡事順從聖靈而行。

一點提醒

以弗所書5章18節命令你要被聖靈充滿（管理）。如果你真渴望聖靈的能力運行在你生命中，真願意到基督面前來，真相信祂會用聖靈充滿並管理你的生活；那麼，你就能藉著聖靈的能力，過一個如加拉太書5章16節所說順著聖靈而行的生活。只要你繼續順從神，你就能繼續走這條路。有兩條岔路會使你偏離正道——當聖靈指引你時，你拒絕祂的帶領；或你隨從撒但的誘惑而遠離神。所以小心為要。

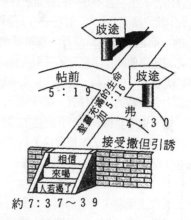

本週應背誦的經節：

弗5：18

加5：16

習題

1. 約翰福音 16 章 13~14 節教導我們，聖靈只榮耀自己，而不講論基督。 ………………………… 是／非

2. 聖靈也稱為：（連連看）

   (1) 約 14：16　　　　　(a) 神的靈，基督的靈
   (2) 約 14：17　　　　　(b) 永遠的靈
   (3) 來 10：29　　　　　(c) 保惠師
   (4) 羅 1：4　　　　　　(d) 真理的聖靈
   (5) 羅 8：2　　　　　　(e) 施恩的聖靈
   (6) 弗 1：17　　　　　 (f) 聖善的靈
   (7) 來 9：14　　　　　 (g) 賜人智慧和啟示的靈
   (8) 羅 8：9　　　　　　(h) 剛強、仁愛、謹守的心（靈）
   (9) 提後 1：7　　　　　(i) 賜生命（的）聖靈

3. 所有的基督徒都——（連連看）

   (1) 約 3：5，6　　　　 (a) 有聖靈住在裏面
   (2) 弗 1：13　　　　　 (b) 從一位聖靈受了洗，成了一個身體
   (3) 林前 12：13　　　　(c) 從聖靈而生
   (4) 林前 6：19　　　　 (d) 受了聖靈為印記
   (5) 弗 5：18　　　　　 (e) 該被聖靈充滿

4. 哥林多前書 2 章 14 節~3 章 4 節提到三類型的人：（連連看）

   (1) 天然人　　　　　　(a) 不順服的基督徒，憑血氣行事
   (2) 屬肉體的　　　　　(b) 尚未得救的人
   (3) 屬靈的　　　　　　(c) 順從聖靈指引，依靠祂的能力而行的基督徒

5. 試列出約翰福音7章37~39節，主耶穌所提要被聖靈充滿的三個步驟：（連連看）

   (1) 第一步　　　　　　(a) 來喝
   (2) 第二步　　　　　　(b) 口渴
   (3) 第三步　　　　　　(c) 相信神會充滿你

6. 如果你肯順服，聖靈會──（連連看）

   (1) 羅8：26，27　　　(a) 使你剛強起來
   (2) 羅5：5　　　　　　(b) 引導你
   (3) 林前2：12　　　　(c) 幫助你禱告
   (4) 林前2：13　　　　(d) 指教你
   (5) 羅8：16　　　　　(e) 將神的愛澆灌在你心裏
   (6) 弗3：16　　　　　(f) 叫你知道神開恩所賜給你的事
   (7) 羅8：14　　　　　(g) 在你心中印證你是神的兒女

7. 當使徒被聖靈充滿後，他們變得非常膽怯（徒4：31）。⋯⋯⋯⋯⋯⋯⋯⋯⋯⋯⋯⋯⋯⋯⋯⋯⋯⋯ 是／非

8. 若你想要繼續被聖靈充滿，就不要叫神的靈耽憂
   或＿＿＿＿＿＿＿＿＿＿（弗4：30；帖前5：19）。

9. 甚麼是與神相交的關鍵（約15：10）？＿＿＿＿＿＿

10. 如果你犯罪而使自己與神的相交中斷，你該如何才能再恢復與祂的關係呢（約壹1：9）？
    ☐ 苦行贖罪
    ☐ 再受洗一次
    ☑ 向神認罪

11. 耶穌未曾被聖靈的能力澆灌過（路3：21，22；徒10：38）。⋯⋯⋯⋯⋯⋯⋯⋯⋯⋯⋯⋯⋯⋯⋯ 是／非

12. 如果耶穌都有此需要，你是否也有此需要呢（羅7：18；
弗5：18）？＿＿＿＿＿＿＿

13. 羅馬書12章1節告訴你要——
　　□ 盡力行善
　　□ 持守十誡
　　☒ 將自己獻給神

14. 你認為神希望你快樂或悲慘？＿＿＿＿＿＿＿＿＿
　　你認為祂比你有智慧嗎（詩18：30）？＿＿＿＿＿
　　你認為祂會利用你，要你做些你不想做的事嗎（約壹 5：
　　3）？＿＿＿＿＿＿＿
　　你已經接受耶穌為你的救主，但你曾以祂為生命的主嗎？
　　如果沒有，你現在願意嗎？（在聖經前面的空頁上記下日
　　期，好叫自己不要忘記，因神會記得的。）

若你已背誦了本週的經文，試默寫出來：
弗5：18

＿＿＿＿＿＿＿＿＿＿＿＿＿＿＿＿＿＿＿＿＿＿＿＿＿＿

＿＿＿＿＿＿＿＿＿＿＿＿＿＿＿＿＿＿＿＿＿＿＿＿＿＿

加5：16

＿＿＿＿＿＿＿＿＿＿＿＿＿＿＿＿＿＿＿＿＿＿＿＿＿＿

下週功課：

1. 繼續操練禱告。
2. 繼續進行「約翰福音讀經段落」的靈修及做筆記。
3. 學習做聽道筆記。
4. 閱讀「長大成熟（二）——聖潔的人」一文及做習題。

長大成熟（二）
聖潔的人

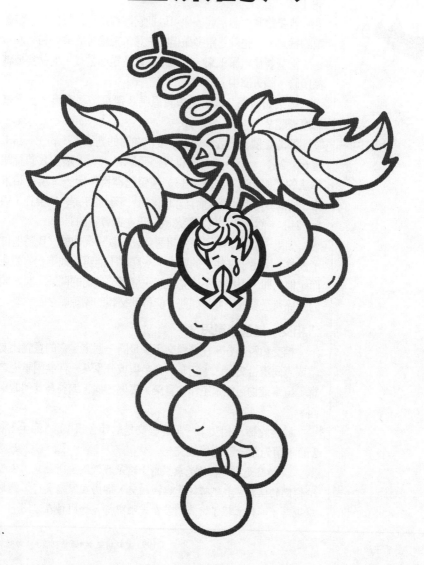

第九課　長大成熟（二）
——聖潔的人

罪！

　　若要給罪下個定義，你可以把它解釋爲「背叛神，不順從祂的旨意。」也就是跟從撒但的主意，拒絕神的命令和勸戒。

　　當基督徒鬆懈下來，不再留心聽從聖靈的勸戒，他就會被試探所勝，陷入罪中。

　　結果如何呢？他會失去救恩嗎？還是裝著沒事？他應該怎麼辦呢？

　　罪的工價乃是死。你曾一度落在罪的判決下（約3：18；羅6：23），但「基督既爲我們受了咒詛，就贖出我們脫離律法的咒詛。」（加3：13）基督已經爲你過去、現在和未來一切的罪付上代價，而且你也得到「不至於定罪」的應許（約5：24）。然而，你也不能忽視你現在還會犯的罪。

　　如果一個孩子拿了一張超速駕駛罰款單，他的父親替他付了罰款，滿足了法律上的要求；法庭就不能再因他這次的超速而定他的罪。但這並不能完全解決這對父子間的問題，父子間的關係有了裂縫，兒子如何才能得到父親的原諒呢？

「相交」是甚麼意思？

　　相交和親密分享在希臘文裏原是同一個字。它的意義比友誼或志同道合更深入，它有一齊參與或分享某一件共同事物之意。這事或物可能是工作，喜樂，哀傷，痛苦或許多其他的東西。

　　最能詮釋「相交」一詞的經文是約翰壹書1章5節至2章2節。請先讀一次這段經文：

　　「神就是光，在他毫無黑暗；這是我們從主所聽見，又報給你們的信息。我們若說是與神相交，卻仍在黑暗裏行，就是說謊話，不行真理了。我們若在光明中行，如同神在光明中，

手寫旁註：等句子分享某一件事的主意

就彼此相交，他兒子耶穌的血也洗淨我們一切的罪。我們若說自己無罪，便是自欺，真理不在我們心裏了。我們若認自己的罪，神是信實的，是公義的，必要赦免我們的罪，洗淨我們一切的不義。我們若說自己沒有犯過罪，便是以神為說謊的，他的道也不在我們心裏了。

我小子們哪，我將這些話寫給你們，是要叫你們不犯罪。若有人犯罪，在父那裏我們有一位中保，就是那義者耶穌基督；他為我們的罪作了挽回祭，不是單為我們的罪，也是為普天下人的罪。」

一個父與子的故事

有一個父親帶著幼兒去一個小公園散步。他們沿途觀看天上的飛鳥，餵松鼠吃花生，欣賞路旁美麗的花朵。小孩好奇地觀察路旁的景物，不知不覺把衣服弄髒了。當他走近一個台階時，這台階看起來很陡，對幼兒來說是頗危險的。他便坐下來，一階一階的慢慢往下滑。當然幼兒把自己弄得很髒，但父親並不介意，還幫他把身上的塵土拍掉，因為父親知道幼兒無知。

可是有些事是會造成問題的。那個父親告訴兒子，不要在路旁的泥漿中玩，但是孩子認為將泥漿濺得到處都是，一定很有趣。可能他也看到其他的孩子在那裏玩，如果他不聽父親的吩咐而去玩泥漿，這種不順服的行為就會破壞了父子間的相交。

認罪是得赦免的關鍵

認罪—同意別人的說法

希臘文「認罪」有一重要意義，就是「同意別人的說法」。若要了解基督徒與神相交的生活，就必須先了解這個字的意義。

若前文中的那個孩子說：「我錯了！我不應該去玩泥漿。」他立刻就能恢復與父的相交。但如果他不願意認錯，而說：「我又沒有做錯甚麼事，別的孩子也在那裏玩呀！」他就是將他父親當作是說謊的（約壹1：10）。

如此，父親就必須管教這孩子，讓他明白他錯了，並且願

認錯。這樣他下一次再受試探時，就不會去玩泥漿了。

神就是光

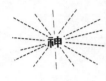

約翰壹書1章5節告訴我們，「神就是光」。祂的本性是聖潔、無罪、無瑕疵的。1章7節說：「我們若在光明中行，如同神在光明中，就彼此相交，他兒子耶穌的血也洗淨我們一切的罪。」我們只能在光中與祂相交。

洗淨罪

如果你肯順從心中的光而行，就能與神相交，一如前文故事中的父子關係。當你如此行時，耶穌的寶血就洗淨你（希臘文這動詞代表持續的動作）一切的罪，包括見善不爲、無意造成或無知造成的罪，以及因靈命不夠敏銳而犯的罪。只有藉著耶穌的血，罪得洗淨後，有罪的人才可以和聖潔的神相交。

認罪——同意別人的說法

如果聖靈藉著你的良知、朋友，或其他的方法指出你做的某件事情是罪時，你必須承認及同意祂的說法，或重複神對這件事的說法，並下定決心不再去行。

如果你立刻認罪，那麼你與神的相交只在你犯罪的時刻是中斷的。因爲神不能同你一起去犯罪。

「神是信實的、是公義的，必要赦免我們的罪，洗淨我們一切的不義。」（約壹1：9）基督已經爲我們的罪付上代價。神在這裏是要洗淨罪帶給我們的污穢，使我們更像基督，祂的目的是要塑造我們，不是要懲罰我們。但如果你拒絕同意神的說法，不承認自己所做的是罪，神就要懲戒（管教）你。

所謂認罪是指承認自己所**知道的罪**，而不是**不知道的罪**。重要的是我們要對付的乃是罪。隨著靈命的成長，幾年後，你就也會看清楚自己生活中一些目前你尚認不出來的罪。

責打與懲戒

請讀希伯來書12章5~13節。

「你們又忘了那勸你們如同勸兒子的話，說：『我兒，你不可輕看主的管教，被他責備的時候，也不可灰心；因為主所愛的，他必管教，又鞭打凡所收納的兒子。』你們所忍受的，是神管教你們，待你們如同待兒子。焉有兒子不被父親管教的呢？管教原是眾子所共受的，你們若不受管教，就是私子，不是兒子了。再者，我們曾有生身的父管教我們，我們尚且敬重他，何況萬靈的父，我們豈不更當順服他得生麼？生身的父都是暫隨己意管教我們；惟有萬靈的父管教我們，是要我們得益處，使我們在他的聖潔上有分。凡管教的事，當時不覺得快樂，反覺得愁苦；後來卻為那經練過的人結出平安的果子，就是義。

所以你們要把下垂的手、發酸的腿挺起來，『也要為自己的腳，把道路修直了』，使瘸子不至歪腳，反得痊愈。」

懲戒的意思是管教、糾正或教訓。這些字眼通常是用在對孩童的教導上。懲戒的目的是為教導而非處罰。

神懲戒的三重目的

1. 使你承認所犯的罪，得以恢復與神相交，成為聖潔，沒有瑕疵（弗5：27）。
2. 提醒你，祂是你的天父；警告你，祂會待你如同待兒子一樣（來12：5~8）。
3. 要獎賞你。罪可能使你失去獎賞，卻不是失去救恩（約貳8）。

懲戒的方法

一個父親很快就會知道，他不能用相同的方法管教自己所有的兒女。有的孩子用幾句話就可以糾正他；有的完全不同，需要責打；有些則要用剝奪他們某些特權的方法來管教他。隨著孩子的成長，管教的方法也要隨之調整。

智慧的父神會用最有效的方法來管教每一個兒子。你可能被剝奪某些特權，或是被拿走某一心愛之物。神也可能使你生病，或是用各種不同方式組合的方法來管教你。然而並非所有的疾病都是出於神的懲戒，不過在病痛時我們總該自己省察（詩139：23）。有些孩子沒有受教的心，一意孤行，神則會用下面的方法管教他們——

種甚麼收甚麼

　　請讀加拉太書6章7～9節：

　　「不要自欺，神是輕慢不得的。人種的是甚麼，收的也是甚麼。順著情慾撒種的，必從情慾收敗壞；順著聖靈撒種的，必從聖靈收永生。我們行善，不可喪志，若不灰心，到了時候，就要收成。」

　　神可能會任憑他自食惡果，未得救的人在今生和來世也都面臨同樣的後果。但神似乎常常讓犯罪的基督徒比未信主的人更早收到所種的後果。神會用斥責、苦難或其他後果把他帶回祂自己面前。

被懲戒時的態度和後果

　　「不可輕看主的管教。」（來 12：5）

　　在聖經中有些經文顯示，當基督徒輕看、恨惡或反抗主的管教時，主有時就接他回天家（見箴15：10；林前5：5；11：30；雅5：19，20；約壹5：16）。這是一個嚴肅的意念，小孩有時在大庭廣眾面前行為乖張又屢勸不聽，與其讓他們留在那裏羞辱家名，不如讓父母帶他們回家。

　　基督徒靠著基督的寶血和公義已可進天國。但倘若他舉止失當，可能就不合適繼續留在世上作神家的代表。

　　但是，我們也不應將所有英年早逝的事件看為犯罪的後果。只是要留心，不要輕看主在你生命中的管教。

　　「被他責備的時候，也不可灰心。」（來 12：5）

　　不要像小孩子每次被管教時，只為了受責打而哭，而非因

犯錯悲傷。這樣他在管教中就沒有學到功課。

受懲戒的善果

「凡管教的事……後來卻為那經練過的人結出平安的果子，就是義。」（來 12：11）

受懲戒會使你回轉向神認罪，得赦免和得潔淨（約壹1：9）。這樣，你便「在他的聖潔上有分」（來12：10）。

如何才能逃避懲戒？

「我們若是先分辨自己，就不至於受審。我們受審的時候，乃是被主懲治，免得我們和世人一同定罪。」（林前11：31，32）

此處指出，天父在等祂的孩子自己知罪並認罪。雖然天父是恆久忍耐，祂也愛你；但如果孩子不知罪，也不肯認錯，天父就要採取行動。

神藉著懲戒你而顯現了祂的愛，縱然被管教時你會不快樂（來 12：6，11）。但這是神用來改變你的方法之一，好使你「變成主的形狀，榮上加榮。」（林後3：18）

一點提醒

懲戒的目的——來12：11

一個兒子在受懲戒時應有的態度——來12：5下

　1. 不可輕看

　2. 不可灰心

是天父在懲戒——來12：7

如何避免受懲戒和自我省察——

　林前11：31，32

　然後

　約壹1：9

　詩32：5——認罪

本週應背誦的經節：

加 6：7

詩 32：5

7.
耶和華所恨惡的有六樣
連他心所憎惡的共有七樣.
就是高傲的眼
撒謊的舌
流無辜人血的手
圖謀惡計的心
飛跑行惡的腳
吐謊言的假見證
並弟兄中布散紛爭的人

習題

1. 連連看
   (1) 相交   (a) 管教或訓練
   (2) 認罪   (b) 一起參與或分享
   (3) 懲戒   (c) 同意聖靈藉著別人的指正

2. 當了基督徒之後，便表示你不會再犯罪（約壹1：8，10）。………………………………… 是／<u>非</u>

   若說自己無罪，便是自欺

3. 如果你認為自己沒有犯過罪，便是以神為 <u>說謊的</u>（約壹1：10）。 *他的道也不在我們心裡了*

4. 從加拉太書3章13節中可得知，你的罪如何才得赦免——
   □ 答應要守律法
   □ 答應受洗，加入教會並開始什一奉獻
   ☒ 相信基督贖出我們脫離律法的咒詛

5. 如果基督徒肯承認自己的罪，罪的污穢就可以洗淨，重新恢復與神相交（約壹1：9）。………… <u>是</u>／非

   我們若認自己的罪，神是信實的是公義的，必要赦免我們的罪

6. 在你認罪後，不必因撒但提醒你所犯的罪，而感到內疚（賽43：25）。…………………… <u>是</u>／非

7. 箴言6章16至19節，神列出多少項祂特別恨惡的罪？

   _____

8. 你若知道當行的善卻不去行，這也是罪（雅4：17）。………………………………………… <u>是</u>／非

9. 罪使基督徒與神隔離（賽59：2）。…………… <u>是</u>／非

10. 在你犯罪之後，甚麼可能使你無法恢復與神相交（詩10：4）？ <u>一切所想的，都以為沒有神</u>

11. 詩篇 139 篇 23，24 節告訴我們，當向神隱藏我們
的罪，以免觸怒祂。 ……………………………… 是／非

12. 如果你不分辨自己的罪，神就會懲戒你（林前 11：
31，32）。 …………………………………………… 是／非

13. 如果你遮掩自己的罪過，必不得亨通（箴 28：13）。 是／非

遮掩自己罪過的
必不亨通
承認離棄罪過的
必蒙憐恤

14. 當你受懲戒時應當：（連連看）
   (1) 啟 3：19 ——— (a) 知道神是因愛你，才管教你
   (2) 來 12：11 (b) 不可輕看神的管教，也不要灰心
   (3) 來 12：5 (c) 學習功課，且「結出平安的果子，
                   就是義」

15. 請為自己列出所有得罪過你之人的名字，然後一個個地原
   諒他們（弗 4：32）。許多基督徒因心裏不能饒恕人，
   以致不能被神重用。不要讓這種事發生在你身上。最後撕
   掉這名單，不要讓撒但再將這些苦毒帶進你的生命裏。

若你已背誦了本週的經文，試默寫出來：
加 6：7

_____

_____

詩 32：5

_____

_____

_____

下週功課：

1. 繼續操練禱告。
2. 繼續進行「約翰福音讀經段落」的靈修及做筆記。
3. 學習做聽道筆記。
4. 閱讀「長大成熟（三）──順服的人」一文及做習題。

來 12:11
· 凡管教的事，當呌不覺得快樂、反覺愁苦．
後來卻為那經練過的人結出平安的果子
就是義．

長大成熟（三）
順服的人

第十課　長大成熟（三）
──順服的人

一、神的旨意

一家規模龐大的企業公司人事部經理，召集了一批新進人員，將工作分派給他們。有一批職員被送往技術學校受訓；另一批則被安排在資深員工手下受「在職」訓練。這家公司有許多部門：廣告部負責宣傳他的產品；展示部示範產品的用途及使用方法；銷售部負責挨家挨戶的銷售貨品；另有些銷售員負責批發；服務部則幫助新客戶解決他們的困難。每一部門對這家企業公司來說都很重要。

二、神對你有獨特的旨意

請讀哥林多前書12章1~27節

當你得救之後，你就成爲基督身體的一部分（林前 12：12，13）。**每一個**肢體都能擁有聖靈所賜的恩賜，這恩賜是按著神的旨意賜予的（林前12：11）。

不是每個人都是眼，也不是每個人都是耳。但神對每個肢體都有祂的計畫和旨意。在神的家中，必然有一個位置，是神爲你預備的。但並不是每個位置都很醒目，有的人被擺在隱蔽的角落，成爲幕後工作者，從事不爲人所知悉的工作。

耶穌說：「你們……要在……直到地極，作我的見證。」（徒1：8）這是神交給基督身體的一項使命。一切神所呼召人去做的工作，對於推動大使命都是重要的。你最該關心的事就是神對你生命所定的旨意。如果你肯找出神所賜的位置，並願順服神的旨意，這就是你在世上最能快樂度日的方法。

再以前文的故事爲例。再過一陣子，人事部經理可能要將某員工調到另一部門工作。也許是因爲這個部門需要幫手，也許因爲這位員工需要更多的訓練，好裝備他在另一部門更有效率地工作。一般來說，每個職員都不會自己隨便換工作。經理

通常會非常謹慎，他不會指派任何工作給不能勝任的員工。神對我們的帶領亦然。

新的職務

當一個員工熟悉了公司的產品及營運方式後，經理可能派他負責新的職務，可是不會強迫他接受。但如果他拒絕，很可能就失去了將來升遷的機會；對公司而言，他也失去了功能，公司則需另外找人來承擔這份新職務。如果他願意接受這份工作，經理則會提供一切所需的協助。

新的工作場所

假設這名員工要去推銷及展示產品，公司會希望他能盡力做得好。他們會給他一本手冊，其中有一般處理事務的原則；公司也會安排他認識其他部門的同事；會將新的資料和指示寄給他；並派專業人員訓練他。然後告訴他：「如果遇到不能解決的難題，隨時用電話聯絡，我們會幫助你。」神對祂所派上工場的人，也會賜予同樣的協助。

手冊上已有明文規定的

公司交給推銷員的手冊，會清楚記載一些規定。例如：「不要吹噓產品的功能」，「對客戶總要謙恭有禮」等等。員工可能不記得所有的指示，所以需要反覆查看，至於那些一目了然的事情，就不需再查考其他資料了。

手冊上沒有明文規定的

手冊不可能將所有的規定一一列出，但對每一個問題，都可從其中找到可應用的原則。

打電話回公司

如果實在無法做決定，推銷員可以打電話回公司請示，公司可能會告訴他，這問題與手冊上某頁所記載的情況相似，可照之執行。

聽從指導

如果他身旁有負責訓練他的專業人員指導他，他就要留心學習，並亦步亦趨地照著去行。這位專業人員不會叫他做出任何違反手冊規定的事。

不必憂心市場情況

這名銷售員可能認為他所負責地區的情況不太樂觀，又或許擔心不能售出任何產品。但這不是他的責任，他只要知道自己是否在正確的地區工作，並已盡全力做好分內的工作，至於營業的結果就留給公司去操心吧！如果他在第一份工作上能盡心地做，公司會讓他負責更多的事務，並且會很高興請到了這樣一位可信賴的員工。

三、神所用的人

神在祂的話語中，記錄了歷史上為神所重用之人，他們的品格和對神的態度：

撒母耳——

當神呼喚撒母耳時，撒母耳回答：「請說，僕人敬聽。」（撒上3：10）撒母耳的特色是願做神的僕人，而且渴望知道神的心意。

以賽亞——

當耶和華問：「我可以差遣誰呢？誰肯為我們去呢？」以賽亞沒有先問清楚工作的內容，馬上回答說：「我在這裏，請差遣我。」（賽6：8，9）

約書亞——

神告訴約書亞，只要謹守遵行神的旨意，就可以道路亨通、凡事順利（書1：8，9），他也如此做了。

挪亞——

挪亞「與神同行」（創6：9）。然後在創世記6章14節，神叫挪亞造一隻方舟。可見我們必須先與神相交，神才能指引、使用我們。第八課曾教導你要將自己獻上，被聖靈充滿。若想要讓神用你，這一步是不能省去的（複習第八課）。

四、有關神應許引領的經文

1. 神有祂的計畫——詩篇37篇23節

「義人的腳步被耶和華立定。他的道路耶和華也喜愛。」

2. 神應許祂會指引你——詩篇32篇8節

「我要教導你，指示你當行的路。我要定睛在你身上勸戒你。」

3. 蒙神指引的三個步驟——箴言3章5，6節

⑴ 要專心仰賴耶和華；

⑵ 不可倚靠自己的聰明；

⑶ 在一切所行的事上都要認定他，他必指引你的路。

4. 只要你肯祈求，祂就賜給你智慧——雅各書1章5節

「你們中間若有缺少智慧的，應當求那厚賜與眾人，也不斥責人的神，主就必賜給他。」

5. 明白神旨意的三個步驟——羅馬書12章1，2節

⑴ 將身體獻上，當做活祭；

⑵ 不要效法這個世界；求神賜我足夠好定力

⑶ 要心意更新而變化，察驗何為神的善良、純全、可喜悅的旨意。

五、你可能會錯過神對你的計畫

當神賜給你服事祂的機會時，要忠心接受祂的引導。但神不會勉強你照祂的心意行。有時你會因犯罪或忽略，而錯失神給你的最好選擇。神的計畫是要你有蒙福的生命、**豐盛的生命**；但有時祂可能必須另選他人來取替你。這事曾經發生在摩西身

上（出3：10~12；4：10~16）；也差點發生在皇后以斯帖身上（斯4：14）。對某些事情，神希望你肯應用自己的意志力做一選擇後，順服祂的引領；另有一些事，祂是直接命令你去做。如果你清楚知道神的旨意，最好馬上照著去行，否則祂可能會管教你（參讀約拿書）。

六、神指引的類型

你需要兩方面的指引：首先要明白大體的方向，這必須能與基督的命令配合——使福音傳到地極。然後，你需要尋求神一步步的帶領。往往基督徒會花很多時間和精神，用望遠鏡去查看他們未來道路上的一切細節。事實上，他們最大的需要是求神每天光照眼前的道路，保守他們不失腳。第三課提到的靈修時間，可在這兩方面都幫助你。

七、神引導的方式

1. 神的話

「你的話是我腳前的燈，是我路上的光。」（詩119：105）

聖經已明確地啟示我們，有關神在許多事情上的旨意。例如：欺騙總是錯的。愈熟讀聖經就愈能明白神的心意；聖經上已有清清楚楚記載的原則，就不需再去求問神的心意了；聖經是有權威的書。如果你不很清楚聖經對某件事的看法，可以查考聖經經文彙編。

你可以求神用祂的話來引導你的思路。聖經記載了許多原則，這些原則幾乎可幫助你做任何的決定。神曾應許要賜你智慧（雅1：5），但這並不表示你可以信手翻開聖經，隨意一指，那節經文就一定是神的指引。你須先和神有親密的相交，持守靈修時間，不要只在有需要時，才到神面前尋求祂的旨意。當你讀經時，求聖靈將一句話或一段經文深印在你腦海中。

2. 聖靈的帶領

在你心中的聖靈，比本章公司故事中任何一位專業人士都更有智慧，祂的職事就是要指引你（羅8：14）。聖靈常藉著你記在腦海的經文，隨時指教你。「當順著聖靈而行，就不放縱肉體的情慾了。」（加5：16）

3. 心中的感動

有時聖靈藉著一些內心的感動，向屬靈的基督徒說話，你內心會清楚知道神是否要你做某些事情。比方說，你面臨要在兩份外表看來似乎相同的工作中選其一；但是當你考慮其中之一時，內心若有不平安的感覺，那可能就不合神的旨意。

你如何分別聖靈的引領和自己的感覺呢？感覺像天氣一樣會改變，今天覺得快樂，明天可能難過；但聖靈的感動是不會改變的。

4. 該留心的事

聖靈從不會引領你去做與神話語相矛盾的事。通常聖靈是透過神的話指引你。除非這引領與神的話完全相合，不然這就不是神的引領了。

5. 關上的門

有時前面似乎有好幾條路可走，而又必須做個選擇時，你可以禱告，若這門不合祂旨意，求神將它關上。所以當你繼續往前行時，可能會遇到關上的門，神就曾用這個方法指引保羅（徒16：6~10）。但又如何知道，是神關上這扇門，還是撒但在作對呢？如果是神關上門，你心中仍會有平安，而且神大概會有進一步的指引，如同祂指引保羅一樣。同樣地，你必須保持與神有親密的相交，對神的帶領有敏銳的察覺。所以每日的靈修是不容忽視的；不然，你不可能明白祂的引領。

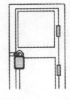

6. 環境和處境

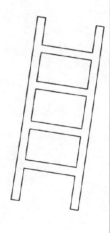

有時，一些看似不合理的事情會發生在你身上，例如發生在約瑟身上一樣。神在夢中啟示約瑟，神給他預備了一個重要的地位（創37：5~10）。當約瑟年少被賣到埃及為奴，又被誣陷，下在監裏，看起來他好像沒有行在神的旨意中。但是聖經記載「耶和華與他同在」（創39：2，21）。後來約瑟明白是神差他去埃及（創45：5~7；50：20）。不論環境和處境如何，如果你和神有親密的相交，知道祂與你同在，就不必氣餒。將自己交給神，祂會完全負責。

7. 一步步讓神使用

如果你在神要你做的小事上忠心，祂會在大事上重用你。聖經所記載的腓利，就是一個很好的例子。

⑴ 他先被選為執事（徒6：5）。

⑵ 後來，他在撒瑪利亞城傳道（徒8：5）。

⑶ 神找到一個聽從祂的人。祂差遣腓利帶領埃提阿伯的太監信主（徒8：26~40）。

⑷ 二十五年後，他被稱為傳福音的腓利，住在撒瑪利亞城（徒21：8）。他一生都很有效地在服事神。

八、你將如何度過餘生？

要記得，教會的使命就是要將福音傳到地極。查出你居住的地區有甚麼需要，再推廣到你居住的城市、省分、國家、別的國家，甚至一直到世界各個角落。然後開始為這些需要代禱，在這些需要當中，尋問神要你扮演甚麼角色？你也許不能到處都去，但是每個地方在神的眼裏都是非常重要的。

1. 接受訓練

當神將某項服事的負擔放在你心裏後，找出你需要甚麼樣的訓練，才能勝任這份工作。神賜給教會的有做牧師和教師的恩賜（弗4：11）。每個人都當研讀聖經，所以有需要分解

神話語恩賜的人（提後 2：15）。求神指引你當受甚麼樣的訓練，到何處去受訓練。

2. 認識才能和聖靈所賜的恩賜不同

請讀哥林多前書12章5~7，11節

不要將天生的才能和神所賜的恩賜混為一談，神的工作是靠著神的大能來完成。這也是神要摩西明白的道理（出 4：10~12）。神常常選擇世上軟弱的、平凡的來完成祂的工作（林前 1：27），好使榮耀能歸給神，而不至歸給人（林後 4：7；12：9）。你天生的才幹，必須經過神的修剪和另加能力，才能為神所使用（約15：5）。

3. 尋求神旨意的一些建議

(1) **順服的心**──將自己的意志降服在神的旨意之下。

(2) **神的話**──在神的話語中尋找神的旨意。

(3) **環境與處境**──留意神為你預備的一些環境。

(4) **聖靈的帶領**──祈求聖靈的帶領。

(5) **心裏的平安**──等候神，直到你做決定時有平安在你心裏為止。

損益表

有些基督徒使用所謂的「損益表」，就是將一張白紙分成兩部分，一邊寫下這個提案的優點，另一邊寫下缺點。然後花幾天的時間為這個提案禱告，其間可加進一些新的項目，刪去認為不再是重要的部分。這樣，遲早心裏會感受對這個提案該採取的步驟。如果經過持續的禱告，這個感受還在的話，就朝這個方向進行。值得注意的是，只有那些與神親密相交的人，才能明白神的旨意。一個屬世的基督徒不會將神的話當作腳前的燈，路上的光。

一點提醒

指引：

不靠自己的聰明
智慧
　箴3：5，6
　耶10：23

依靠神的話語及
神的智慧
　詩119：105
　雅1：5

靠神的看顧
　詩32：8

靠聖靈
　加5：16
　約16：13

本週應背誦的經節：

箴3：5，6
羅12：1

習題

1. 人必須有主的引導，才能過一個討神喜悅的生活
   （耶 10：23）。……………………… 是／非

2. 是誰在指引帶領著基督徒（羅 8：14；約 16：13）？
   _聖靈_ _〈因為凡被神的靈引導的，都是神的兒子〉_

3. 在撒母耳記下 22 章 31 節，大衛說神的道路是——
   ☑ 完全的
   ☐ 艱苦的
   ☐ 容易的

4. 基督徒的首要職責是遵從國家的最高領袖（徒 5：
   29）。……………………………… 是／非

5. 路加福音 6 章 46 節教導我們，如果你稱基督為主並接受祂
   為救主，你應——
   ☐ 按時去教會
   ☐ 捐錢給窮人
   ☑ 遵行神的話

6. 約翰福音 13 章 17 節說，如果你凡事照著神的旨意行，就
   有福了！！ _"你們既知道這事，若是去行就有福了"_

7. 基督徒應效法這世界的習俗來生活（羅 12：2）。是／非

8. 詩篇 119 篇 105 節說神引導的方法之一是 _神的話是_ _腳前的燈，路上的光_

9. 如果你求告神，祂會（詩 32：8）_教導你，指示你當行的路，定睛在你_
   身上勸戒你

10. 如果確實是神的指引，它不會與 _神的話語_ 矛盾。

11. 若是基督徒所要決定的事在聖經上沒有明文提到，考慮下面的問題可能會有幫助——（連連看）

(1) 林前 10：31　　(a) 能奉主的名去行嗎？
(2) 西 3：17　　　(b) 這看來是惡行嗎？
(3) 帖前 5：22　　(c) 能榮耀神嗎？
(4) 羅 14：13　　　(d) 是一個基督的使者當行的嗎？
(5) 林後 5：20　　(e) 這樣做對得起主嗎？
(6) 西 1：10　　　(f) 會絆倒我的弟兄嗎？

12. 有時 聖靈 會關起一道門，或使你不能違背祂的旨意而行（徒 16：6~10）。

13. 有時處境看來似乎不合情理，但如果你行在神的旨意中，將會像約瑟一樣，心裏明白 耶和華 與你同在（創 39：2，21）。

若你已背誦了本週的經文，試默寫出來：

箴 3：5~6

_____

羅 12：1

_____

下週功課：

1. 繼續操練禱告。
2. 繼續進行「約翰福音讀經段落」的靈修及做筆記。
3. 學習做聽道筆記。
4. 閱讀「傳宗接代」一文及做習題。

林後5:20
··· 我们作基督的使者
··· 求你们与神和好

傳宗接代

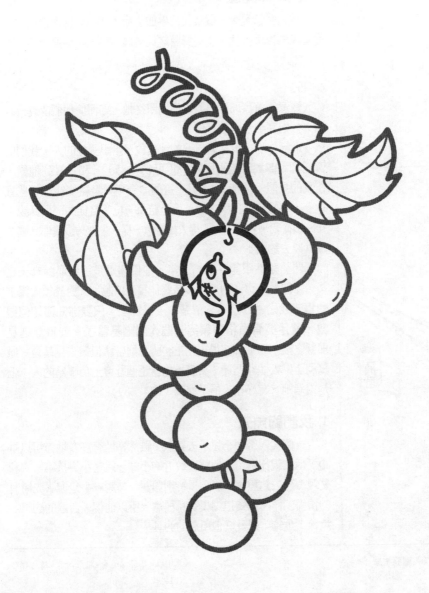

第十一課　傳宗接代

一、與神同工

按正常情況，一個長大成熟的生命，是能夠傳宗接代的；而屬靈的傳宗接代，主耶穌將之比喻爲「得人如得魚一樣」。

耶穌說：「來跟從我，我要叫你們得人如得魚一樣。」（太4：19）

注意，這裏耶穌只要求他們跟從祂，如何使他們成爲得人漁夫，則完全是祂的責任。

耶穌一步一步地將自己的計畫啟示給跟隨祂的人。我們的責任是「傳福音給萬民聽」（可16：15），和「直到地極，作我的見證」（徒1：8）。這個命令不只是給使徒，一些宣教士，牧師或主日學老師，而是給每一位基督徒的。耶穌說：「來跟從我，我要叫你們得人如得魚一樣。」你想跟隨耶穌嗎？那就要去釣魚！

門徒雖然跟隨了主約三年，他們卻不是等到耶穌升天之後，才開始傳福音的。許多基督徒找藉口說：「對於領人歸主的事，我知道的還不夠清楚。」事實上，**只要你知道如何得救，就足夠有資格帶領另一個人認識基督了。**安得烈遇見耶穌之後，馬上帶彼得去見主。腓力則帶拿但業去見基督。撒瑪利亞婦人並非門徒，事實上她還是個社會上最下層的人；但是透過她，有好些人信了耶穌（約4：39）。

1. 我們釣魚去

一個父親帶著小兒子去釣魚，雖然當地有許多地方可以垂釣，但父親卻選了一個離家較近的小湖。這是小男孩第一次和父親一起去釣魚，所以顯得特別興奮。父親一手包辦事先所有的預備工作。他知道湖裏有哪種魚，所以他帶了合適的釣竿、魚線、魚鉤，以及其他所需的釣具。

2. 魚餌

並非所有的魚都吃同樣的食物。這位父親是個有智慧的漁夫，所以他預備了適合湖裏魚群的餌。父子來到湖邊後，父親選了一個地點，耐心地教導孩子如何將魚餌勾在魚鉤上，又該如何甩竿入水。於是孩子學著父親的方法去做。可是當魚兒上鉤之後，孩子必須靠父親的幫助，才能將魚拉上來。等孩子長大些，他就可以去森林的小溪，或開船到深海去釣魚了。雖然不同的地點，釣魚的方法也不同，但一些基本原理是一樣的；孩子最要留心的是他是否照著父親的指示去做。

3. 必須照著行

耶穌教導過門徒許多事，為裝備他們去完成祂的使命。門徒學會禱告，耶穌為他們講解聖經，並且應許差派聖靈來幫助他們（路11：1；24：45；徒1：8）。

前幾課中，你也學習過同樣的道理。最重要的是你要與神親密相交，好使你在領人歸主的事上，明白並遵行祂的指引。如果你真誠地、確實地跟隨祂，祂會使你成為得人的漁夫。

如果你想成為神所重用的僕人，不要忽略了靈修時間和禱告的生活。

將神的話藏在心裏，它是聖靈的寶劍（弗6：17）。有空時要複習所背的經文。

二、從何處開始

首先求神指引你該去關懷哪個人，為你週圍未得救的人禱告，他可能是你的家人、鄰居或同事。神在帶領你去別處傳福音之前，必須先能在你原居地使用你。

三、福音的信息

你該用哪種屬靈的餌？福音（好消息）就是得人漁夫所用的餌。福音不只是一套道德觀念，一個宗教組識，或一種活動。福音的中心是人子以及祂為你所做成的事。神的兒子主耶穌

基督，是神所應許的救世主，曾「為我們的罪死了，而且埋葬了；又照著聖經所說，第三天復活了」（林前15：3，4）；祂要賜給罪人祂的永生（約壹5：11，12），這就是福音。

四、釣魚的方法

如同漁夫必須讓魚兒看見放進水中的魚餌，得人漁夫也要將耶穌基督介紹給未信主的朋友。最簡單又有效的方法就是告訴別人你如何結識祂，祂如何滿足你生命中的需要。介紹基督就該像引見一位朋友一樣地自然。

要幫助別人明白，成為一個基督徒不是指去做甚麼事，而是接納一位救主——耶穌基督。

記住！將自己放在幕後，你所要介紹的是基督，不是你自己。

1. 釣具——神的話

得人漁夫需要甚麼「釣具」呢？漁夫並不只將魚餌投入水裏。聖經說：「你們蒙了重生，不是由於能壞的種子，乃是由於不能壞的種子，是藉著神活潑常存的道。」（彼前1：23）魚看魚線結不結實，魚鉤勾不勾得住魚，這並不重要；重要的是釣具本身已經證明是被試驗過的，是可使用的。有些人說他們不相信神的話，但是神的話也是經過考驗的。神應許：「神的道是活潑的，是有功效的。比一切兩刃的劍更快，甚至魂與靈，骨節與骨髓，都能刺入剖開；連心中的思念和主意都能辨明。」（來4：12）「我的話豈不像火，又像能打碎磐石的大錘麼？」（耶23：29）「我口所出的話也必如此，決不徒然返回，卻要成就我所喜悅的，在我發他去成就的事上必然亨通。」（賽55：11）不要為神的話爭辯，它不需要你去維護它，而是要你去用它。

2. 釣上魚來

如同小男孩需要父親的幫忙，才能將上鉤的魚兒拉上來，你也需要幫助才能把別人帶到基督面前。聖經說，神的道是種

子，藉著聖靈的工作，一個人才得以「重生」（約3：3~6）。不管你如何費心，若不靠聖靈的能力，沒有人能領人歸主。祂透過被聖靈充滿的虔誠人而做工，因「聖靈降臨在你們身上，你們就必得著能力……作我的見證。」（徒1：8）

「他（聖靈）既來了，就要叫世人為罪、為義、為審判，自己責備自己。」（約16：8）祂透過相信的人做工。「神在基督裏，叫世人與自己和好。」祂完成了救贖的工作，現在「將這和好的道理託付了我們。所以，我們作基督的使者，就好像神藉我們勸你們一般。我們替基督求你們與神和好。」（林後5：19，20）我們若要工作有果效，我們的話語、思想、態度和計畫，就都必須接受聖靈的引導和管理；如此我們才能用正確的態度，在合適的時間，向理想的對象講合宜的話語。除非你是被聖靈帶領，否則將徒勞無功，甚至使神的工作受虧損（約15：5）。

3. 釣魚的熱忱——未被釣的魚都會死

若是那父子去釣魚的小湖，湖水在數週內將會被抽乾，那麼所有未被釣走的魚在湖水乾涸後都會死去；但父親為他們所釣上來的魚，預備了一個新的湖，使他們可以存活。正如世人因他們的罪都已被定死罪（約3：18），只有一條路可以逃脫這個審判——就是藉著主耶穌（約14：6；徒4：12）。

五、不能為主作見證的兩個主要原因

1. 沒有計畫
2. 膽怯

計畫

你傳福音的信息必須包含以下四個重點，但傳遞信息的人可自由選擇不同的方式來表達。對某些人，你可能需要多花些時間在某一點上。事前的計畫是非常重要的，它會幫助你和慕道友談話時不繞圈子，或岔開話題，並幫助你掌握談話的內容。

(1) 罪的本質和刑罰

「因為世人都犯了罪，虧缺了神的榮耀。」（羅3：23）

「因為罪的工價乃是死。」（羅6：23）

你傳福音的對象必須明白，他是一個失喪的罪人，否則他看不出自己需要救主。每個人都必須為罪接受刑罰，不論是自己去承受或是由他人代受。罪如果不解決，以後必受審判（來9：27）。

所以他必須明白他需要救恩。

(2) 白白得來的禮物

「惟有神的恩賜，在我們的主基督耶穌裏，乃是永生。」（羅6：23）

「他便救了我們，並不是因我們自己所行的義，乃是照他的憐憫，藉著重生的洗和聖靈的更新。」（多3：5）

「你們得救是本乎恩，也因著信；這並不是出於自己，乃是神所賜的；也不是出於行為，免得有人自誇。」（弗2：8，9）

所以他必須明白他不能救自己。

(3) 基督已代付刑罰

「他被掛在木頭上，親身擔當了我們的罪，使我們既然在罪上死，就得以在義上活；因他受的鞭傷，你們便得了醫治。」（彼前2：24）

基督是我們的替身。「因基督也曾一次為罪受苦，就是義的代替不義的，為要引我們到神面前。」（彼前3：18）「基督既為我們受了咒詛，就贖出我們脫離律法的咒詛。」（加3：13；賽53：6；羅5：8；林後5：21）

只有基督能為別人的罪付上代價，因為只有祂是無罪的（彼前2：22）。祂可以救贖全人類，因祂的價值超過一切有生命之人的總和。

所以他必須知道基督已為他預備了救恩。

(4) 必須相信並接受祂為救主

耶穌說：「看哪！我站在門外叩門，若有聽見我聲音就開門的，我要進到他那裏去。」（啟3：20）

「凡接待他的，就是信他名的人，他就賜他們權柄，作神的兒女。」（約1：12）

當你生病時，醫生會為你開藥方。但如果你不服用它，它對你就毫無益處。你可以相信這真是良藥，甚至知道它是如何製成的，也知道服用之後對你身體會產生甚麼作用。但是除非你肯將它吃下去，否則只是拿在手上欣賞，對你就沒有任何益處。許多人知道關於耶穌的事，也聽過祂的生平、祂的死和復活。但是他們從未接受祂為他們個人的救主。

所以他必須接受耶穌為他個人的救主。

如果他接受了耶穌，神說他就有了永生。讓他讀約翰福音3章16節；5章24節；約翰壹書5章11~13節。神希望他清楚知道他已經得救了。

六、傳福音時該做的事：

- 儘量和對方單獨談道。
- 進入主題之後，使用聖經，並請他自己讀經文。
- 要求他決志；若你覺得他心中受感動，請他和你一同跪下來禱告（沒有推銷員在示範樣品之後，不給對方購買的機會）。但要記住的是，生命的重生是聖靈的工作。
- 讓對方明白如何接受救主。如此，假如他不能在和你談道時立刻作決定，事後也可以自己接受主。

七、傳福音時該避免的事：

- 不要用難字或宗教術語，越簡單越好。
- 不要被不重要的話題或時尚的問題岔開主題。
- 不要怕說：「我不知道。」但也不要停下來，要告訴對

方你所知道的——基督在你身上所做的一切。談道時，突如其來的難題往往是撒但的詭計。

- 不要爭辯。
- 不要氣餒，從錯誤中學習。

八、如何開始

作見證最困難的地方，可能是不知如何開始。如何與別人交談時，帶進有關屬靈的話題，而不顯得唐突呢？

「懼怕人的陷入網羅」（箴29：25）。所以要求神使你有膽量（徒4：29，31）。

摩西說：「主啊！我素日不是能言的人……我本是拙口笨舌的。」耶和華對他說：「誰造人的口呢？……豈不是我耶和華麼？現在去吧，我必賜你口才，指教你所當說的話。」（出4：10~12）

如果神要你向某人傳福音，求神先鋪路，然後找些有共同興趣的話題，若他配得就誇獎他；但不要阿諛奉承。要記得，你表達的方式其實是很重要的（提後2：24，25）。

如果對方不想和你交談，或顯得不耐煩，或改變話題；可能這是因為時機不恰當，主不要你對他作見證。對於聖靈的帶領要非常的敏感，祂是莊稼的主；讓祂帶領你到待收的禾田，或是遇到願上鉤的魚。

1. 把談話帶進屬靈主題的方法

- ### 利用職業找話題

對木匠——我有一位朋友，祂是木匠。而耶穌開始傳道之前，一定與約瑟一起工作了好幾年。你可以問，你蓋的是甚麼樣的房子？是蓋在基督的磐石上嗎（太7：24~27）？

對會計員——談談神所記的生命冊。

對理髮師——你可以問問，他曾經從一個人的頭上，剪下過幾磅重的頭髮嗎？（介紹撒母耳記下14章26節中，押沙龍

的故事，二百舍客勒約五英磅，或二公斤半。）

- 用神蹟引入話題——談談大自然的奇妙，是造物主奇妙的創造。

- 用某物件引入主題——用手頭上現有的物品。

　　水——談談耶穌所應許的活水。

　　橡皮擦——談談我們都犯了罪，但是神預備了一個方法，可以將它擦去。

　　福音單張——送張印刷精美的福音單張，請對方有空時看一下內容（不要指望他當時就讀它）。這只是開場白，如果他有興趣，不妨繼續和他談談。

　　報紙——幾乎每一份報紙，都有些文章可以用來將話題轉到來生的問題。

- 用問問題的方式——用一些啟發思考性的問題。

　　若有適當的技巧，這是很好的方法。人都喜歡講自己所知道的事，給他們機會開口。

一些問題例子——

　　⑴ 你讀過聖經嗎？

　　⑵ 可否告訴我這句經文的意思？

　　⑶ 你去過教會嗎？

　　⑷ 神如何拯救罪人？

　　⑸ 能否告訴我為何要上天堂？

　　⑹ 你想為何你可以上天堂？

　　⑺ 你確實知道你的來生會如何嗎？

　　⑻ 你自覺有罪嗎？

　　⑼ 你是應下地獄的壞人嗎？

　　⑽ 你是夠資格上天堂的好人嗎？

　　⑾ 你見神時有甚麼藉口？

⑿ 神爲甚麼要讓你上天堂？

⒀ 能否告訴我如何才能得救？

⒁ 你甚麼時候才能得永生？

⒂ 你對屬靈的事有興趣嗎？

⒃ 你曾想要做一個基督徒嗎？

⒄ 你想聽聽我生命中最有意義的事嗎？

有時用第三者的口氣來問問題，也是一個好方法。例如：「如果有人問你基督徒是怎樣的人，你會怎麼回答？」（問這問題後，一定要解釋基督徒不是要做某些事，而是要認識基督、接受祂爲救主）。

2. 儘早知道對方的立場

• 學習做個好聽眾。

• 問問題，不要多講話，只是將談話導入正題。

• 注意對方的表情、語氣和態度，不要讓他只是裝模作樣或敷衍你。有時聖靈會啓示你對方的立場。**不要錯誤地認爲某人是已經得救了。**

• 最好至少讓每個人清楚明白前面提過的福音四個重點。對於某些敵擋的態度或藉口，以下的經文可能會有幫助：

　⑴ 人的自義──賽64：6；加2：21；3：10；多3：5；雅2：10。

　⑵ 強硬的不信──約5：39，40。

　⑶ 高傲的不義──路6：45；羅1：28~32；3：4，5。

　⑷ 我沒有能力堅信──約10：28，29；彼前1：5。

　⑸ 我讀不懂聖經──林前2：14；林後4：3。

　⑹ 我的罪實在太大了──約6：37；羅5：8；提前1：15。

　⑺ 教會裏太多偽君子──羅2：4，5；14：12。

　⑻ 沒有人確實知道已經得救──約壹5：10~13。

　⑼ 對於得救，我有自己的看法──箴14：12；耶17：

9；徒4：12。

　　⑽ 我覺得時候還沒到——書24：15；箴 27：1；29：
　　　1；林後6：2；來2：1~3。

　　⑾ 世上的聰明人——賽1：18；太18：3，4。

　　⑿ 沒有興趣的人——可8：36；約3：18；羅2：12。

　　⒀ 我並不太壞——約3：3。

- 人所能想到的藉口，聖經裏都有答案。
- 盡可能將福音的重點講完，再回答問題。

3. 多多練習

　　很多人怕聽自己的聲音，所以可以找你的代禱同伴、配偶，或家人先練習一番。假設對方是誠心追求的慕道友，用聖經將福音的四個重點向他講一遍。也可請他讀一段經文，有時可練習在沒有帶或無法使用聖經時你該如何應變（因年紀大的人讀小字體的聖經比較吃力，你也可能正好遇見要向不認識字的人傳福音）。

　　讓扮演慕道友的人找些常用的藉口，嘗試用聖經來回答，並將談話帶回他該做的決定。不要讓對方所問的問題或提出新的題目（例如：為何有不同的宗派，守聖餐，禮拜的儀式等），導致岔開福音的信息。

　　通常處理這類問題最好的方法就是回答說：「對於聖經這方面的教導，我只有一些看法。但更要緊的是你先要接受耶穌為你的救主。」或「等一下我再解釋這問題，現在讓我先把這段話說完。」或「每個基督徒都應加入一個當地教會。但這是第二步，第一步是先成為一個基督徒，然後神會引領你加入那一個教會。」但有些問題是造成某些人不能信主的原因，所以要先回答這些問題，再回去講你的信息。

　　不要怕真誠的問題，他們會感激你對他的關心，以致對福音有興趣。有時候最好的答案是說：「我不知道，但我會去找答案。」然後回來告訴他，你所找到的答案。

　　　　　　　　　　　　傳宗接代　125

練習向別人作自己得救的見證——你如何認識主，並祂如何滿足你生命中的需要。記得要在見證中引用聖經經文，例如：「然後我才明白聖經所說的：罪的工價乃是死。我原是個失喪的人。」或「現在我才明白這句經文的意思：基督也曾一次為罪受苦，就是義的代替不義的。」要作類似這樣的見證，你就必須先將經文背下來。作這類的見證非常有果效，通常人都願意聽。對方不覺得你在說教，卻聽見基督如何拯救你，改變了你的生命。

現在就開始去傳福音吧！我們在以下介紹您一種傳福音的方法叫「羅馬路」，就是由羅馬書中的幾句經節，有系統地帶領人到神面前。這是一個很有效的傳福音方法，許許多多的人聽到了因而得救。

4. 熟悉「羅馬路」——傳福音法之一

(1) 知罪之路

- 羅3：10——沒有義人
  為甚麼神說一個義人都沒有呢？
- 羅3：23——世人都犯了罪
  罪是從何而來？
- 羅5：12上——原罪從亞當而來
  有罪又怎樣？

(2) 必死之路

- 羅6：23上——⎰神的義
  ⎱人的死（肉體與靈魂）

  藉口：死就死吧，反正人都要死的！

(3) 光明之路

- 羅6：23下——福音
  甚麼是神的恩賜？

(4) 愛之路

- 羅5：8——神的愛
  我們怎樣才可以領受這愛？

(5) 決志之路
- 羅10：9，10——認耶穌爲救主！
  凡心裏相信，口裏承認，就必得救。

本週應背誦的經節：
羅3：23
羅6：23
羅5：8

習題

1. 只有牧師和宣教士才需向別人作見證（彼前3：15）。 ……………………………………………… 是／非

2. 將這信息——（連連看）
   - (1) 可16：15
   - (2) 徒1：8
   - (3) 羅1：16
   - (a) 傳到地極
   - (b) 向萬民傳福音
   - (c) 出去傳講，因我不以福音爲恥，這福音本是神的大能，要救一切相信的

3. 羅馬書10章17節教導我們，信道來自——
   □ 基督的話
   □ 操練
   □ 受洗

4. 甚麼是使人蒙了重生「不能壞的種子」（彼前1：23）？
   _____

5. 約翰福音14章6節告訴我們，所有的宗教都可以領你上天堂。 …………………………………… 是／非

6. 只要很誠心地敬拜一些偶像，一樣可以使人得救（箴14：12；徒4：12；羅1：20；2：12~16；林前10：20）。 …………………………………… 是／非

7. 啟示錄21章8節列出幾種不同類型的罪人？_____其中有說謊的嗎？_____你認識任何一個從未說過謊的人嗎？_____你相信以西結書18章4節所說的嗎？_____是否每個人都需要救主？_____

8. 以下經節的重點何在？

   羅3：23 _____

   羅6：23上 _____

   羅6：23下 _____

   加3：13 _____

   約1：12 _____

   約壹5：11~13 _____

9. 除了對聖經熟悉以外，基督徒膽怯的心，也常讓
   他不去作見證（箴29：25）。 ……………………… 是／非

10. 為了使你的見證有效果，你應祈求有——（連連看）

    (1) 徒4：29，31　　　(a) 憐憫的心

    (2) 太9：36　　　　　(b) 智慧

    (3) 弗6：19　　　　　(c) 膽量

    (4) 雅1：5　　　　　 (d) 口才

11. 當你向別人傳福音時，應當與人爭辯嗎？ _____

12. 將你的見證簡短地寫下來，使你在五分鐘內可講完。記得
    要包括福音的重點，這福音本是神的大能。

若你已背誦了本週的經文，試默寫出來：

羅3：23

_____

_____

羅6：23

_____

_____

羅5：8

下週功課：

1. 繼續操練禱告。
2. 繼續進行「約翰福音讀經段落」的靈修及做筆記。
3. 學習做聽道筆記。
4. 閱讀「為人父母」一文及做習題。

爲人父母

第十二課　為人父母

一、初信造就的重要性

主耶穌告訴門徒，不只要向萬民傳福音，並且「凡我所吩咐你們的，都教訓他們遵守。」（太28：20）神的心意不是領人歸主之後就不管了。

「初信造就」即是對屬靈幼兒的看護。它的目標是幫助「基督裏的新生兒」長成爲快樂、成熟的基督徒；以致他們也能夠去傳福音領人信主，並且幫助這些人在主裏長大成熟。

1. 初信者從哪裏來？

大部分的初信者來自下面三種情形：

⑴ 聯合佈道會
⑵ 教會的傳福音工作或佈道會
⑶ 個人談道

有些人因搬家的緣故，從別的教會遷入你的教會，可以邀請他們參加查經聚會。很多基督徒可能已經信主幾個月，甚至幾年，靈命卻一直沒有長進，儘管他們在從前的教會裏可能很活躍。這點要留意。

需要

每位新生兒，都有一定的屬靈需要，這些在第二課已經討論過。這是當務之急，撒但不會等到星期天才對他們下手的。

雖然每位新基督徒都會有些共同的需要，但也有些因人而異的需要、困難、問題等，必須馬上解決。

死亡率

如果你居住的地方，每一千個嬰兒中有四百個生下來就夭折，你的反應如何？存活的六百人中，有四百個在幼兒時期就

死去;剩下的兩百人中只有二十五位成長到青少年期;這二十五位當中,只有五位長大成人且生兒育女。面對這樣的情況,你一定會關懷,並設法去改善。

據調查美國一般城市的居民,有百分之六十自稱是教會會友,這當然還包括了各種假藉基督之名的機構和異端在內。但我們知道,這些團體中大部分的人都尚未得救,但在這個例子中我們姑且還是稱他們為基督徒。

若是在你附近有一千人,包括你的鄰舍、親友等,那麼按以上調查表來看,其中有四百人的靈命是死的,與基督無份。而加入教會的六百人中,只有兩百人靈命會成長。

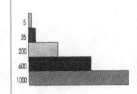

很多人並不確知自己是否得救,他們從不研讀聖經,除非遇見困難,他們也從不禱告。即使加入教會已有五年,也不經常聚會。其實這些都是可以自己決定是否要參加聚會的成年人。小孩當然不算在內,因他們通常是被動地隨著大人進出。

2. 幫手

星期天早上,在一般教會聚會的這兩百人中,大約只有二十五人願負起教會大部分的責任;其餘的人只是打打雜,牧師無法依賴他們。這二十五人裏面,有些還不能算是屬靈的同工,他們只能在教會中處理一些雜事,如同在一般社團中一樣。經過一年的忙碌之後,他們會覺得很累而辭去職務;雖然他們非常認真地工作,但做的只能算是屬「血氣」的工作。

3. 真正的工人

在那二十五人當中,大約只有五個人可以歸類為屬靈的基督徒——過著有規律的靈修生活,每天禱告,喜愛研讀聖經,關心失喪的靈魂。他們是那些為主作見證,領人到基督面前的人。通常在一個兩百人的教會裏,大概可以找到五個這類的基督徒。有些教會裏連一個都找不到。問題出在哪裏呢?難道成為一個快樂、多結果子的屬靈基督徒,是一般人做不到的嗎?但在新約時代並非如此。那麼為何沒有更多信徒成為成熟、屬

靈、能拯救靈魂的基督徒呢？難道你願意看見神賜給你們的新
生命都停留在「嬰兒」的階段嗎？

4. 缺乏屬靈的照顧

大部分的基督徒都停留在嬰兒階段，是因為他們沒有得到
應有的屬靈照顧，沒有人教導他們基督徒生活的基本原則。一
般小孩有人教他們如何進食，如何穿衣，如何讀書、寫字。他
們花十二年以上的時間在學校上學，然後接受專科教育、專業
訓練，但基督徒嬰兒卻沒有。

二、一般的初信造就方式

一般教會，只將「新生兒」介紹給會眾，用車接送他到教
會一兩次，然後就分派某些教會事工給他做；通常這些事都是
瑣碎的雜事，並不能幫助他們靈命成長，反令他們疲累。久而
久之，他們可能就不來聚會了，除非良心不安，或是遭遇困難。
如果他能持續一年參加聚會，且能夠在眾人面前開口禱告、分
享，就會被認為是成熟的基督徒，足以勝任教會中任何職分。

如果分析一下，這位新生兒在一般教會中所受的訓練，它
可能只包括了二十五小時的主日學（但通常又有人要他把部分
上主日學的時間花在處理班務上），另有相等的時間是聽牧師
講道；可能有十小時花在個人讀經上；再加上一些團契活動，
他就被認為該長成為一個好基督徒了。有些教會有十到十二小
時的新會員課程，學習教會的信條、組織，或者甚至背下教會
的教義問答。但沒有人花心血找出和供應他們靈裏實際的需
要。

主日學、團契、講道聚會，或是新會員的課程均未能達到
初信造就的目的。這些課程都有一定的進度和材料，它們不一
定能滿足「新生兒」最大的需要。「新生兒」不應等待幾週後，
才從頭參加一正式課程，而且他們也可能害羞、膽小，不敢問
問題。這些訓練課程，都有它們各自的目標，但都不是為了教
導新生兒如何起步學習更像基督。日後他們可能從這些課程中

得益，但目前最需要學習的是如何開始走上正道。

三、需要個別初信造就的原因

1. 不同的宗教背景

有的人可能多年參加過信仰純正的教會或查經班。有的人可能來自新派神學，有的人可能受過異端的混淆，另一些人可能沒有受過任何宗教訓練。

2. 不同的教育背景

有人可能是大學畢業生，有人只是初中畢業，有人甚至不會寫自己的名字；但是他們都需要得到適當的關懷，在主裏成長。

3. 不同的年齡和性別

一個初信者可能是青少年，另一個可能是祖母，再一個可能是商人。

4. 不同的家庭背景

在基督徒家庭長大的孩子，和由未信主的父母撫養的孩子，大不相同。離婚與再婚會另增添一些問題，使親屬關係有時變得很混亂。家中如有臥病的親人，或其他的家庭問題，也都會造成初信者特殊的難處。

5. 不同的職業

不敬畏神的上司或同事，也常造成問題。還有一些工作的性質本身可能涉及不道德或令人質疑；有些工作較需要體力；有些人要在星期天上班或上晚班，參加聚會便比較困難，甚至不可能。

6. 不等量的休閒時間

有些人的工作需負較多的責任，相對地也就沒有太多的時間來學習。

7. 不同的嗜好和休閒活動

電視是當今最耗時間的消遣，有些人幾乎成為它的俘虜。另一些人喜歡打高爾夫球、釣魚、或把時間花在整理庭院上；有些人則喜歡星期天早上睡大覺。

如果把初信者放在一起教導，這些問題會使課程難以滿足每個人的需要。若有人缺席，問題就變得更為複雜。

8. 不同程度的興趣

初信者必須有成長的意願。有些人對神的話非常渴慕，他們需要得到應有的幫助，才能儘快地長大。但有些人不久就失去興趣。雖然我們希望每個人都成為結果子的基督徒，而有些人卻失敗了，我們仍要將比例盡量提高。有些初信者明顯地對於研讀聖經不感興趣，原因是並非所有的決志都是真誠的。有些人感覺到他們的需要，但仍只有頭腦的知識，而不能在心中應用它。與其只幫他們受洗，披上教友的外衣，還不如從個別的跟進造就去作，更能幫助這些人真正跟隨基督，接受祂為救主。

四、解決之道

有彈性的課程，隨時以一對一的方式來滿足個別的需要，本書就是針對這個目標而寫的。

本書包含每個初信者在靈裏長大成熟所必須知道的事。書中提出不同的方法來達到這目的。教材以書本形式出現，應按照每一課來讀，避免草率翻閱，而不實際應用在生活中。

個別的初信造就，可以使初信者得到他最需要的幫助。當你肯定所帶領的人已真正信主，三十秒之後，就應開始有跟進的教導。

課本中有一些額外的材料，讓對神話語比較渴慕，或空閒時間較多的初信者，可以有更多的學習。他也可以依個人的領悟力和時間來調整課程的進度。

五、使用本書的三個方法：

1. 在教會中教導新會友

　　所有初信者和剛加入教會的會友，由輔導人員負責與他們個別上課；幫助他們解決困難、回答問題，並指定他們的課程。同時定期將課程進度報告教會有關人員。

2. 由領人信主者使用

　　很多教會沒有初信造就或類似的跟進課程。主可能要你不單只是領人信主，且能幫助他們長大成熟。惟一不同的是你將進度表呈交給神，一切向神負責。如果你已經研讀本書，你就可以幫助別人使用這份材料。你不需要是專家，如果你們一起研讀，就可一起在靈裏長大；你自己也會很意外地發現，第二次研讀本書能使你獲益更多。

3. 當作函授教材

　　有些人信主之後就搬家了，有些人是在旅途中歸主的，有的年輕人要去當兵，類似這種情形就很難作進一步的造就。如果可能最好和他們保持連繫，以函授方式來研讀本書。這方式可以由個人主動來做，或由教會推動。

輔導員自己的預備

　　如果你已經研讀過本書，有規律的靈修生活，且將神的話藏在心裏，你就可以幫助其他基督徒學習這本書。

溫和、愛和關懷

　　愛是維繫你和初信者之間關係的最重要因素。「然而主的僕人不可爭競；只要溫溫和和的待眾人，善於教導，存心忍耐」（提後 2：24）。「只在你們中間存心溫柔，如同母親乳養自己的孩子……你們也曉得我們怎樣勸勉你們，安慰你們，囑咐你們各人，好像父親待自己的兒女一樣。」（帖前 2：7，11）

六、如何開始

一旦確實知道與你談道的慕道友已接受基督為救主了，就應立刻開始初信造就的工作。首先你要他明白他已有永遠的生命，神也希望他清楚知道這一點。請他讀約翰壹書 5 章 11~13 節。然後問他：「當你邀請耶穌進入你的心裏時，是發自內心的邀請嗎？」如果他回答：「當然，是出自我內心的邀請。」或類似的回答，就可以接著問他「耶穌在啟示錄 3 章 20 節應許甚麼？」再問「如果基督說，祂要進到你那裏去，你也邀請祂進入你心裏，那麼祂已在你心裏了麼？」「如果耶穌在你心裏，約翰壹書 5 章 11~13 節說你就有甚麼？」讓對方明白基督救他是神的應許。

另一個陷阱是他可能會靠感覺，撒但會藉著感覺令他對神的救恩起疑心。給他另一些經文，讓他明白享有永生不是靠自己的能力，乃是神要保守祂自己的兒女。約翰福音 10 章 27，28 節是很好的經文。

1. 給他一些屬靈資料

你告訴他的這許多事，可能已把他弄得頭暈腦脹。可以留給他一些福音小冊子，是有關神救恩計畫的。讓他回去後可獨自將救恩重新思考一遍。最好小冊子前面有些空白，可以簽下他的名字，記下他已接受基督為救主，並記下日期，好使他記得自己重生的日子。也給他一本「約翰福音」單行本等經文小冊，告訴他這與在聖經中的經文一樣，請他至少讀前三章。

2. 下一步是甚麼？禱告——

初信者需要你為他代禱，現在是他基督徒生涯中最關鍵的時刻。每天為他禱告。保羅為歌羅西教會不住的禱告，就是一個很好的榜樣（西 1：9~11）。

3. 找他談話

在初信者決志的第二天，找個機會和他見面。撒但將盡全

力地攻擊初信者。如果不能見面，打電話給他或寫張便條給他。與他接觸時，告訴他你有些很有意義的東西要給他看。如果他正在看電視或和朋友談話，或正準備外出等無法多談，可和他約定好一個見面的時間。不要說明你要給他看的事情，吊吊他的胃口，嘗試讓他明白基督徒的生活是世上最蒙福的生活；聖經上有很多寶貴的東西。但是每個初信者都是「基督裏的嬰孩」，你個人的見證和熱忱對他非常重要。

4. 課程的使用

翻開這本新書，介紹他這本書是特別為初信者而寫的，為要回答他的問題，供應新生兒的需要。

和他一起讀第一課，並與他一起查閱課文裏的經文；然後請他自己回去讀第二課。不要要求他讀完十二課，只要求他先讀第二課。你可以和他先翻閱一下第二課的重點和兩段要背的經文，並約定下次見面的時間。

5. 注意！

(1) 注意你的儀表，並且留意不要有口腔臭味。

(2) 不要用教訓的口氣，好像你全部都懂。而是用分享的方式，彼此討論，提出意見。

(3) 不要爭辯，避免討論爭論性的問題或宗教問題等。

(4) 不要教得太快。對他而言，這是很新的東西。

(5) 小心，不要因為他有耐心聽，就花很多時間。不要一次教太多，新生兒也會消化不良。

(6) 不要離題，要以課文為主。試著回答他心中實際的疑惑，將次要的問題記下來，以後再回答。

(7) 留心觀察。不要認為一切都會很順利，注意他對人或事的評論，他的代禱事項，以及他的喜好等等（箴 27：23）。

(8) 與他一起研讀前，自己先細讀指導手冊中每課的教學重點，先明白每課的目標和他的需要，讓你能更有效地幫助他。

習題

1. 基督精兵不可被世務纏身（提後 2：4）。 …… 是／非

2. 初信造就課程，最好在課堂上一起做完。 ……… 是／非

3. 按照提摩太後書2章24節，主的僕人應有何特質？
   □ 不可爭競，只要溫和待人，善於教導，存心忍耐
   □ 堅強，禱告有能力，儆醒
   □ 作好榜樣，有智慧，誠懇

4. 初信造就的工作應開始在
   □ 人得救後的第一個主日
   □ 初信課程安排妥當之後
   □ 人得救後的那一刻

5. 大部分的基督徒都會長大成熟，成為神所使用，
   為主作見證的基督徒。 ……………………… 是／非

6. 好的初信造就課程，可以幫助輔導發現，有些初
   信者不完全清楚福音，或並沒有真正決志接受主。 是／非

7. 在歌羅西書 1 章 9~11 節中，保羅為歌羅西信徒的
   禱告事項，是我們為初信者代求的好例子。 …… 是／非

8. 輔導者的行為不如他的言辭重要。 ……………… 是／非

9. 大部分人都喜歡背誦記憶。 …………………… 是／非

10. 輔導員應小心地察言觀色，不要以為凡事都會順
    利。 ………………………………………… 是／非

11. 你喜歡這課程嗎？ _____

下一步

「豐盛生命」查經課程介紹你許多有意義的課題，但無疑地，仍有許多事情，你想要更深入地查考。

研讀本書的過程中，我們試著幫助你培養良好的屬靈習慣──研讀聖經、禱告、參加聚會、作見證等等。你是否能有效地服事神，主要是看你能否持續這些好習慣。

整本聖經對你「都是有益的」（提後 3：16）。還有許多課題你可以去查考，例如：基督的再來，天堂與地獄，聖餐，世界的創造，如何按著正意解釋真道，神與人立的約，奉獻，神的審判，基督的比喻，救恩的豐盛等等。

我們希望你現在已過著神所應許的豐盛生活。我們教你許多新的事。「這些事你要殷勤去作，並要在此專心，使眾人看出你的長進來。」（提前 4：15）然後，有一天當你站在基督面前時，願祂說：「好，你這又良善又忠心的僕人，……可以進來享受你主人的快樂。」（太 25：21）